国家社科基金重大项目"海峡两岸经济一体化研究"（批准号：13&ZD053）子课题"两岸经济一体化背景与动力"阶段性成果

世界经济体系变迁与两岸经济关系发展

汪立峰　著

南开大学出版社

天　津

图书在版编目(CIP)数据

世界经济体系变迁与两岸经济关系发展 / 汪立峰著.
—天津:南开大学出版社,2014.10
ISBN 978-7-310-04622-5

Ⅰ.①世… Ⅱ.①汪… Ⅲ.①世界经济—研究②海峡两岸—经济合作—研究 Ⅳ.①F11②F124

中国版本图书馆 CIP 数据核字(2014)第 197488 号

南开大学出版社出版发行
出版人:孙克强
地址:天津市南开区卫津路 94 号　　邮政编码:300071
营销部电话:(022)23508339　23500755
营销部传真:(022)23508542　　邮购部电话:(022)23502200

*

河北昌黎太阳红彩色印刷有限责任公司印刷
全国各地新华书店经销

*

2014 年 10 月第 1 版　　2014 年 10 月第 1 次印刷
230×155 毫米　16 开本　10.875 印张　2 插页　165 千字
定价:26.00 元

如遇图书印装质量问题,请与本社营销部联系调换,电话:(022)23507125

序

　　近年来，随着中国大陆地区和台湾地区经贸往来日益密切，深化两岸经济关系已成为推动两岸关系发展的重要途径，而关于两岸经济关系的研究也逐渐成为两岸学术界的热点。

　　目前，学术界主要的关注点是 1978 年大陆实行改革开放以来两岸经济关系取得的进展。毋庸讳言，自 1949 年以后，政治上的藩篱使两岸经济基本上相互隔绝——这一状态持续了将近三十年。直至 1978 年，大陆实行改革开放，两岸经贸往来才逐渐恢复，并且随着大陆经济的发展和对外开放水平的提高，两岸经济关系日益密切。特别是在 2008 年，两岸关系出现重大积极变化。两岸恢复制度化协商机制，并基本实现直接"三通"，为深化两岸经济合作带来新的契机。2010 年 9 月 12 日，《海峡两岸经济合作框架协议》（ECFA）正式生效，标志着两岸经济关系向正常化、制度化、机制化的进程迈出了最重要的一步。可以说，在两岸政治议题难以突破的情况下，"先经后政，先易后难"成为推动两岸协商和两岸关系和平发展的重要战略安排，由此也赋予了经济关系在两岸关系中的重要地位。

　　内因是事物变化的根本原因。从经济学的视角来看，1978 年以来两岸经济关系发展取得显著进展，是大陆与台湾经济形势变化的必然规律，也是比较优势原则发挥作用的必然结果。改革开放初期，大陆的劳动力、土地等资源较为丰裕，而台湾在资本和技术方面具有一定的比较优势，因此深化两岸经济合作无疑会使两岸互惠互利。正是基于内因的作用，本书将深入探讨两岸尤其是台湾的经济形势变化，从而为两岸经济关系发展寻求内在的根基。

　　但是，我们也应看到，两岸经济关系的演进不是一蹴而就的，而是在长期的历史积累中形成的；两岸经济关系的发展不仅是大陆和台湾经济相互作用的结果，而且是世界经济体系变迁的有机构成部分。因此，我们在研究两岸经济关系时，应将其置于更长的时间维度和更广的空间维度。如果上溯到150多年前，我们可以发现，在世界经济体系产生萌芽之后，大陆和台湾即已被卷入这一体系。此后，随着世界经济体系的形成、重塑与深化，台湾经济发展形成了特殊的路径依赖，即逐渐减弱对大陆经济的依赖性，转而依附于美日欧等"中心经济体"。在历史上，这一路径依赖曾推动了台湾经济的起飞与发展，但也使台湾经济隐藏着危机。2008年国际金融危机的爆发，对世界经济体系和两岸经济关系产生了重大影响。一方面，美日欧等"中心经济体"的经济遭受重创，并对台湾经济带来严重冲击，也使台湾过度依赖"中心经济体"的弊病暴露无遗，另一方面，国际金融危机的发生使世界经济体系面临新的调整，中国大陆在世界经济体系中的地位将进一步提高。在此形势下，积极发展同大陆的经济关系，是台湾摆脱经济困境的必然选择。

基于上述逻辑，本书将进一步尝试从世界经济体系变迁的角度，分析两岸经济关系转折与发展的时空背景。此外，本书还将结合当前世界经济体系的再调整以及两岸经济形势的新变化，对两岸经济关系的发展前景进行展望，这是本书研究的最终落脚点，也反映了本人近年来对两岸问题的若干思考。

作为国家社科基金重大项目"海峡两岸经济一体化研究"（13&ZD053）子课题"两岸经济一体化背景与动力"的阶段性成果，本书在写作过程中还得到了项目首席专家、南开大学台湾经济研究所所长曹小衡教授的悉心指导，特此致谢。当然，本人文责自负。

由于两岸经济关系错综复杂，并受诸多非经济因素的制约，加上本人水平有限，本书的研究仅为一管之见，恳请读者朋友能不吝批评指正。

汪立峰

2014年1月于北京

目　录

上　篇

第一章　世界经济体系变迁与台湾经济
发展路径依赖

　　第一次工业革命发生后，世界经济体系开始出现萌芽，越来越多的国家或地区不可避免地卷入这一体系。如果从新制度经济学视角对我国台湾地区的经济发展史进行分析，可以发现，自第一次工业革命后至今的历史变迁过程中，台湾已深深地卷入世界经济体系之中，并呈现特殊的路径依赖。这一路径在一定程度上促进了台湾的经济发展，但也给台湾经济带来潜在的风险。在自我强化机制的作用下，这一路径已处于"锁定"状态，除非被施以某种强制性的力量，否则无法解除。也就是说，台湾经济发展的历史惯性，使得台湾无法轻易地在此次世界经济体系调整中取得突破。

第一节　世界经济体系变迁与台湾经济发展的
历史分析

　　世界经济体系是世界范围内各国家、各地区在各个经济领域中，以一定的关系构成的有机整体。[1]完整的世界经济体系包括国际金融体系、国际贸易体系、国际生产体系、国际经济决策与协调机制，它们反映了各国或地区的经济联系及其在世界经济中所处的地位。

---

① 李琮. 世界经济学大辞典 [M]. 北京：经济科学出版社，2000 年，第 711 页.

一、世界经济体系的变迁过程

从 18 世纪 60 年代世界经济体系出现萌芽开始至 2008 年国际金融危机发生之前，世界经济体系大致经历了四个阶段：（1）萌芽阶段。世界经济体系在 18 世纪 60 年代至 19 世纪 40 年代的第一次工业革命期间开始产生萌芽。第一次工业革命使主要资本主义国家由工场手工业过渡到机器大工业，并推动社会分工超越国家的界限向国际领域扩展，越来越多的国家被卷入了国际分工体系，这些国家也由于分工而相互联系，并初步具备世界性经济体系的特征。（2）形成阶段。19 世纪 70 年代开始至 20 世纪初结束的第二次工业革命将自然科学同工业生产紧密结合起来，推动了科学技术的迅猛发展。"交通与通讯的发展，世界贸易的不断扩大，资本输出的迅速增长，使各国经济逐渐成为整个世界经济链条上的一个环节"[1]，并使世界经济体系得以最终形成。（3）重塑阶段。二战结束后，世界经济体系进入重塑阶段。战败的德意日以及遭受战争重创的英法在世界经济体系的地位下降，美国则成为世界经济强国，并在世界经济体系中开始占据霸主地位。在国际金融体系方面，建立了以美元为中心的布雷顿森林体系；在国际贸易体系方面，"关税及贸易总协定"的签订，为战后美国的对外经济扩张提供了有利条件；国际经济决策与协调方面，西方国家尤其是美国在世界银行、国际货币基金组织等全球性经济组织中占据了主导地位，并以此制定国际经济规则。（4）深化阶段。20 世纪 70 年代以后，随着西欧与日本经济的恢复，布雷顿森林体系的瓦解，以及第三次科技革命的推动，世界经济体系由美国单极主导向多极化方向发展。特别是在 90 年代以后，经济全球化和区域经济一体化趋势日益明显，一些区域性经济合作组织如欧盟、北美自由贸易区、亚太经济合作组织等发展迅速，推动了生产要素在全球范围内的配置。此外，中国等新兴经济体开始崭露头角。尽快在发展的各个阶段，世界经济体系具有不同的特点，但总体来说，世界经济体系仍呈现出鲜明的"中心——外围"特征，即发达资本主义国家居于世界经济体系的核心，"是技术创新、产业引领、规划制定、资源配置和全球治理中心"，而发

---

① 李琼. 世界经济学大辞典［M］. 北京：经济科学出版社，2000 年，第 711 页.

展中国家和地区则处于外围地位,"充当资源来源地、市场倾销地和加工制造者角色"。[①]

二、世界经济体系变迁与台湾经济发展的轨迹

在世界经济体系形成前夕,台湾经济一直作为中国经济的构成部分而存在。当时中国社会已经孕育了资本主义生产关系的萌芽,但是发展极其缓慢,以自给自足为特征的农业与家庭手工业相结合的自然经济仍然占据主导地位。台湾地区由于自然条件的特殊性,其生产结构表现为:米、糖等农产品生产充足,手工制造业发展严重滞后。这决定了台湾与大陆产业分工体系体现为:台湾向大陆尤其是东南沿海地区输出农产品,大陆则向台湾输出日常用品。可见,当时台湾作为一个农业区与大陆形成社会分工,属于依赖大陆的半开放型的经济。[②]

自第一次工业革命时期世界经济体系开始萌芽起,台湾与大陆的经济关系即被破坏,并卷入世界经济体系。为扩大商品销售市场,争夺原材料供应地,已经完成或正在进行工业革命的资本主义国家加紧对中国等亚非拉国家进行侵略和掠夺。1858 年《天津条约》将台湾(安平)、淡水开辟为通商口岸,这使台湾地区的经济发展道路发生重大改变。一方面,台湾与西方列强的贸易活动显著增多,开始成为世界市场的一部分。台湾主要向西方输出糖、茶、樟脑等原料,并从西方输入鸦片、纺织品、金属和日用杂货。另一方面,台湾与大陆的贸易活动逐渐减少,并开始脱离与大陆的分工体系。由于大陆地区输入了大量由外国商人从东南亚地区运来的洋米,因而台湾对大陆的稻米输出不断减少,甚至基本绝迹。与此同时,台湾以往依靠从大陆输入的土布、土货等日用品,也被西方的洋布、洋货所代替。结果,台湾与大陆以往的分工体系遭到破坏,"台湾的进出口由完全依赖大陆,转变为基本上依赖国外"[③]。虽然台湾仍处于清政府统治之下,但就经

---

① 王跃生. 论世界经济的结构变革 [J]. 中国高校社会科学, 2013 (4); 96. 王跃生在阿根廷经济学家劳尔·普雷维什"中心——外围"理论的基础上提出了"中心——外围结构"的概念。

② 黄福才. 试论清初台湾封建经济的特征[M]. 清代台湾史研究. 厦门: 厦门大学出版社, 1986年, 第235页、248页.

③ 陈孔立. 简明台湾史[M]. 北京: 九洲图书出版社, 1998年, 第124页.

济角度而言，台湾已开始出现脱离中国经济区的趋势，转而成为世界经济体系的一部分。

从地位来看，台湾在卷入世界经济体系之后，处于该体系的"外围"，并依附于处于"中心"地位的列强。进入第二次工业革命时期，中国台湾作为世界经济体系"中心经济体"原料来源地和商品销售市场的依附地位被进一步强化，只是其依附对象由列强各国变为日本。1895年《马关条约》签订后，日本开始了对台湾长达半个世纪的殖民统治。在"工业日本，农业台湾"的殖民经济模式下，台湾地区主要向日本输出粗糖、稻米等农产品，成为日本的粮食生产基地，并从日本输入肥料、纺织品、烟草等工业产品和日用品。进入二战期间，世界经济体系遭到战争的破坏，日本虽然在台湾发展了一些军事工业和农产品加工业，但完全是为了服从日本的战争需要。

在二战后世界经济体系的重塑阶段，中国台湾虽仍处于体系的"外围"，但在两个方面出现了变化：一是台湾地区的依附对象由日本变为美国。世界经济体系的重塑和美国霸主地位的确立，推动台湾经济逐渐走向依附美国的道路。在光复初期，台湾地区和日本之间的分工体系和贸易往来暂时仍得以维持，但由于美国对台湾地区的扶植以及"美援"作用的发挥，中国台湾与美国的经济日益密切。1952年台湾地区对日本的出口占其出口总额的52.6%，但到了1970年已降至14.6%。相反，台湾地区对美国的出口比重不断上升，由1952年的3.5%发展到1970年的38.1%。另一方面，台湾地区的国际分工地位有所提高。由于台湾地区先后实施进口替代战略和出口导向战略，台湾的工业化进展顺利，其工业品在全球市场也开始占有一席之地。从出口商品结构来看，农产品和农业深加工产品的出口比重，分别由1952年的22.1%和69.8%，下降至1970年的8.6%和12.8%。而工业品的出口比重则由1952年的8.1%上升至1970年的78.6%。①

在世界经济体系进入多极化时代，台湾地区对美国的高度依附关系一直持续到20世纪80年代中期。1984年，台湾地区对美国的出口占其

---

① 台湾"行政院经济建设委员会". Taiwan Statistical Data Book 2012，第223页.

出口总额的 48.8%，达历史最高水平。此后台湾地区对美国的出口比重逐渐下降，到 2008 年仅为 12.0%，显示台湾地区对美国的依附关系已经大为减弱，但总体来说，美欧日等发达经济体仍是台湾地区重要的贸易伙伴和依附对象。

表 1.1　世界经济体系变迁与台湾经济发展路径

世界经济体系变迁			中国台湾经济发展路径	
阶段划分	特征		依附对象	与中心国家的循环关系
萌芽阶段	形成"中心经济体"和"外围经济体"循环的结构	主要资本主义国家侵略和掠夺亚非拉地区	英、美、日、法等	处于外围地位，成为中心国家的原材料、初级产品来源地，以及商品倾销地	输出糖、茶、樟脑等原料；输入纺织品、金属和日用杂货
形成阶段		世界贸易扩大，资本输出增长	日		"工业日本，农业台湾"
重塑阶段		以美国为主导	美		工业品的出口比重上升；生产技术、设备依赖中心国家
深化阶段		向多极化方向发展	美、欧、日		扩大技术型产品出口

第二节　台湾经济发展路径依赖的形成

所谓路径依赖是指人类社会中的技术演进或制度变迁均有类似于物理学中的惯性，即一旦进入某一路径（无论是"好"还是"坏"）就可能对这种路径产生依赖。① 对历史的分析表明，自世界经济体系形成之后，台湾经济打破了依存于大陆的传统状态，沿着一条新的特殊路径

---

① 中国社会科学院经济研究所. 政治经济学大辞典 [M]. 北京：经济科学出版社，1998 年，第 188 页.

发展，即高度依附于欧美等世界经济体系的"中心经济体"。由于从这一新的路径中获得了正的经济利益，因而存在维系并强化这一路径的动力，从而使得台湾经济在1858～2008年的150年间表现出强烈的路径依赖特征。

1. 自然条件的诱因。从自然资源来看，作为海洋岛屿，台湾的自然资源相对贫乏，除了水力、森林、渔业资源较为丰富外，其他资源如金、银、铜、铁等金属矿产十分有限。台湾只有同外部进行经济交往与联系，接受先进经济体和文化的冲击才有可能解决这些困境，因此台湾在先天上具有依附其他经济体的必然因素。从地理位置来看，台湾地处西太平洋航道的中心，东临太平洋，东北接琉球群岛，南接巴士海峡，是亚洲与太平洋地区各国海上联系的重要交通枢纽，台湾在地理上的重要性使得在东亚地区进行经济活动（包括经济掠夺以及正常的经济交往）的中心国家会优先考虑将台湾地区作为交往对象，同时地理位置上的优势有利于台湾主动与其他经济体发展经济上的联系。

2. 初始状态的产生。初始状态是指所形成的路径依赖在产生初期所处的状态。在路径依赖的形成过程中，初始状态具有决定性意义，它是整个路径的起点和基础，决定了后续路径的走向和特征。台湾经济发展路径依赖的初始状态产生于世界经济体系的萌芽阶段。在"中心经济体"侵入中国大陆和中国台湾后，大陆地区输入了大量由外国商人从东南亚地区运来的洋米，因而台湾对大陆的稻米输出不断减少，甚至基本绝迹，而台湾以往依靠从大陆输入的土布、土货等日用品，也被西方的洋布、洋货所代替。这样，从卷入世界经济体系伊始，台湾地区就处于对"中心经济体"的依附状态。

3. 经济利益的存在。当台湾经济发展进入依存于"中心经济体"的初始状态之后，经济利益的存在与否，成为初始状态能否延续并产生惯性，进而形成路径依赖的关键性条件。如果经济利益为负，那么台湾经济就会改变初始状态，沿着其他的路径发展。如果经济利益为正，台湾经济就获得了延续初始状态的动力。"中心经济体"的侵入，一方面使台湾成为列强的殖民地；另一方面使台湾原有的自然经济逐渐瓦解，推动台湾融入世界经济体系，参与资本主义的世界分工，并为台湾资本主义的产生与发展准备了条件。对外经济联系的加强，使台湾农产品商品化程度提高，此外，

"台湾近代的民族商业资本，在外贸发展的刺激下，也有一些发展。"[①]更为重要的是，台湾地区成为全球在二战后仅有的两个从低收入水平发展到高收入水平的经济体之一。[②]可见，台湾通过依存于"中心经济体"而获得了正的经济利益，因而具有延续这一初始状态的动力。

4. 自我强化的机制。在进入依存于"中心经济体"的初始状态之后，台湾的经济发展（如产业分工、生产结构等）主要围绕"中心经济体"而展开。由于经济利益的存在，这样的经济发展方式存在自我强化的机制，使其得到不断的完善和推进。一方面，从经济发展本身来看，在初始状态产生时，由于战争的破坏和原有生产与分工结构的被迫改变，台湾会付出较大的成本，但是随着初始状态的演进，延续这种状态所付出的单位成本和追加成本都会下降，因而具有规模经济的特性；另一方面，从协同角度来看，通过适应这种初始状态而产生的组织与其他组织将产生协同效应，而且会"导致其他正式规则以及一系列非正式规则的产生"。[③]例如，为适应欧美消费者的需求和偏好，台湾的企业在长期出口中会积累形成针对欧美市场的特定技术手段、生产标准、设计理念、营销渠道等规则。这些组织和规则一旦选定或形成，就不会轻易改变。自我强化机制的存在，使得台湾依存于世界经济体系"中心经济体"的路径选择具有惯性，从而在1858～2008年的历史区间内形成了对这一路径依赖的"锁定"状态。

第三节　台湾经济发展路径依赖的风险

自1858年以来，台湾地区沿着自身经济发展的路径，取得了一定的成就，但是这一路径也存在一定的风险，主要表现在以下若干方面：

一、始终处于世界经济体系的外围，无法跻身于中心

在依存于"中心经济体"的经济发展路径中，台湾实现了从农业社

---

① 田珏. 台湾史纲要 [M]. 福州：福建人民出版社，2000 年，第 118 页.
② 林毅夫. 政府与市场的关系 [M]. 北京：北京大学国家发展研究院"朗润·格政"论坛《简报》2013 年，第 42 期.
③ 程恩富，胡乐明. 新制度经济学 [M]. 北京：经济日报出版社，2005 年，第 204 页.

会向工业社会的转变，并已进入后工业化时代，但总体而言，台湾仍处于世界经济体系的外围，没有也不可能取得中心地位。首先，经济发展水平的差距，使得台湾难以摆脱处于外围的地位。在长期的路径依赖下，台湾与"中心经济体"仍处于垂直分工状态，经济总量、研发水平、产品国际竞争力等与"中心经济体"仍存在较大差距；其次，台湾是中国的一部分，无权参与只有主权国家才能加入的国际组织。世界银行、国际货币基金组织等国际性经济组织在制定国际经济规则、维护国际经济秩序等方面发挥了重要作用，但只有主权国家才能加入，这就决定了台湾在世界经济体系中不可能发挥重大的国际性作用，也不可能进入国际经济秩序的决策圈。最后，地理位置的差异，使得台湾不可能参与西方的区域经济合作组织和协调机制。世界经济体系的"中心经济体"为稳定与协调自身的经济发展，建立了区域性的经济合作组织和协调机制，如北美自由贸易区、G7 等，但这些组织和机制只对区域内的经济体开放。在地理位置上远离这些"中心经济体"的台湾地区，自然无法加入。

二、台湾的经济发展以中心经济体的经济稳定为前提

在世界经济体系的"中心—外围"循环结构下，台湾作为外围经济体，与中心经济体越来越紧密地联系在一起，构成了难以分割的有机系统。系统内各个部分和环节相互作用、相互影响，其中"中心经济体"凭借雄厚的经济实力成为系统的主干，对台湾的经济发展具有重大影响：一旦"中心经济体"的经济运行环境和条件发生微小的变化，那么台湾与"中心经济体"的经济联结系统将会发生长期且显著的连锁反应，而且这一反应将通过系统内的一系列传导机制对台湾经济产生重大影响，从而形成所谓蝴蝶效应（The Butterfly Effect）[①]。蝴蝶效应的杠杆放大机制具有双重影响：一方面，如果"中心经济体"的经济形势保持稳定，那么台湾将处于有利的外部环境，从而可以推动经济的更快发展。例如20 世纪 60 年代，"中心经济体"经济出现了空前的繁荣，台湾积极推行出口扩张战略，实现了经济的起飞。另一方面，如果"中心经济体"的

---

① 蝴蝶效应是指在一个动力系统中，初始条件下微小的变化能带动整个系统的长期的巨大的连锁反应。美国气象学家爱德华·罗伦兹曾形容："一只南美洲亚马逊河流域热带雨林中的蝴蝶，偶尔扇动几下翅膀，可以在两周以后引起美国德克萨斯州的一场龙卷风。"

宏观经济出现波动甚至遭遇危机，那么将会对台湾经济产生冲击。例如，20 世纪 70 年代初期，资本主义世界发生了战后第一次危机，以美元为中心的国际货币体系走向崩溃，并出现粮食危机和能源危机，在危机的冲击下，台湾经济陷入严重的低迷。①

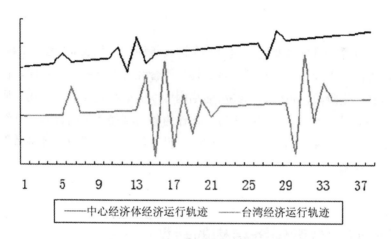

图 1.1　蝴蝶效应虚拟示意图

图 1.1 虚拟了受中心经济体经济蝴蝶效应的作用下台湾经济可能的运行轨迹。假定图中黑色线表示"中心经济体"的经济运行轨迹（如经济增长率、出口增长率等），灰色线表示台湾的经济运行轨迹。"中心经济体"的经济运行态势整体较为平稳，但也出现了若干次小幅波动，在蝴蝶效应的作用下，"中心经济体"经济的小幅波动使台湾经济出现了较大幅度的波动。如图 1.1 所示，"中心经济体"经济的第 2 次波动引起台湾经济出现反复震荡，经过较长时间后才恢复至正常水平。

上述分析表明，路径依赖的存在，客观上使台湾的经济获得了长足的发展，但也使台湾经济面临潜在的危机。世界经济体系的"中心经济体"不可能将台湾纳入"中心"范畴，也不会在国际经济活动中充当台湾的利益代言人。而"中心经济体"自身经济稳定性的缺乏，更是使台湾经济随时存在下滑甚至衰退的风险。

① 李非. 台湾经济发展通论 [M]. 北京：九州出版社，2004 年，第 103 页.

第二章　台湾经济的转型与困境

在世界经济体系变迁过程中，台湾经济经历了从农业社会向二元社会，再向后工业社会的转型。这一转型符合经济发展的基本规律，但是发展到一定阶段，也使台湾经济面临困境，例如制造业的空心化、服务业的停滞以及收入差距的扩大等等。作为外向型经济体的台湾，其经济转型的成就和存在的问题，与其依附于世界经济体系"中心经济体"的路径依赖密切相关。

第一节　台湾经济结构的转型

经济结构是指国民经济各部门或各产业之间的比例和关系。在 1895 年之前，台湾处于传统的农业社会。日本对台湾地区进行殖民统治后，推行"工业日本，农业台湾"政策，使台湾还处在农业经济社会。在第二次世界大战爆发前夕，日本因发动侵略战争的需要，在台湾建立了与军事有关的重化工业，逐渐使台湾形成了农业与工业并存的二元经济结构。20 世纪 50 年代开始，台湾的农业剩余劳动力开始向工业和服务业部门流动。进入 90 年代中期，台湾服务业的比重超过 50%，说明台湾已进入后工业社会。

一、经济结构转型的相关理论

（一）罗斯托经济增长阶段理论

非均衡经济发展理论的代表人物罗斯托，根据经济史的一些事实，提出了经济发展的五个阶段的理论。"根据经济发展水平，任何社会都可以归入下面五种情况之一：传统社会、起飞前准备阶段、起飞阶段、成熟阶段而后大众高消费阶段。"[①]在这五个阶段中，服务与服务产业的发展及其重要性, 由低到高递进。在传统社会生产力主要集中在农业，服务产业还处在萌芽阶段；起飞准备阶段是一个转型时期，社会逐步趋向商业化，服务业发展开始抬头，大量的农业劳动力向工业、交通、贸易和服务业转移；起飞阶段，传统产业实现了工业化，步入了现代化进程，新的价值结构已经形成并占据了主导地位，生活的服务化开始深入人心，服务业的发展进入了一个全新的阶段；成熟阶段，也可以说是一个"纯技术阶段"，在这一阶段，高科技的发展使各个行业都受益匪浅，服务产业的发展也进入飞速发展时期，成为国民经济发展中占主导地位的产业，服务产业已经超过了工业和农业，成为三次产业的主体；大众高消费阶段，在这一阶段，人们的衣食住行的需求得到完全满足，人口高度城市化，就业劳动力高度"白领化"，物质资料极大丰富。人们的需求已经从物质的需求转向了服务的需求，社会全面进入了服务型社会，国民经济的发展也已全面步入服务经济与体验经济时代。在这个阶段，服务与体验成为商业发展中的关键。

（二）配第－克拉克定理

配第－克拉克定理是有关经济发展中就业人口在三次产业中分布结构变化的理论。17 世纪英国经济学家威廉·配第根据当时英国、法国、荷兰的经济情况，通过对各种不同产业从业人员情况及其比例的分析，提出劳动力在经济发展过程中的转移规律。1940 年，英国经济学家克拉克在《经济进步的条件》一书中，计算了 20 个国家的各部门劳动投入和总产出的时间序列数据，并得出重要结论：随着经济的发展，劳动力首先由第一产业向第二产业转移，当人均国民收入水平进一步提高时，劳动力便向第三产业转移。克拉克还从处于不同发展水平的国家和地区的比较中发现，人均收入水平高的国家和地区，农业劳动力在总就业人口中所占比重较小，而第二和第三产业劳动力所占比重较大；人均收入水平较低的国家和地区则呈现相反的情况。[②]克拉克的上述观点进一步印证了配第的思想，因此，后人将两人的观点并称为配第－克拉克定理。

---

① Rostow. The Stage of Economic Growth. England: Cambridge University Press, 1960.
② Clark. Conditions of Economic Progress. England: Macmillan, 1957.

（三）贝尔三阶段理论

美国社会学家丹尼尔·贝尔提出了以"后工业社会"理论为核心的人类社会发展的三阶段理论，此三阶段即为前工业社会、工业社会和后工业社会。贝尔分析了在这三个阶段中服务业自身的发展问题：在前工业社会，生产率低下，剩余劳动力多且素质差，所以服务业主要为个人和家庭服务；在工业社会则以与商品有关的服务业（商业）为主；在后工业社会则是以知识型服务和公共服务为主。贝尔进一步分析了后工业社会的特征：后工业社会是服务社会；知识、科技和技术在社会生活中占据主要地位；专业人员和技术人员具有突出的重要性；价值体系和社会控制方式发生了很大变化。总之，依据贝尔的"后工业社会理论"，服务业从工业社会向后工业社会转移的过程中，其基本的发展历程为：个人服务和家庭服务——交通通讯以及公共设施——商业、金融和保险业——休闲性服务业和集体服务业。贝尔的分析表明，服务业作为一个产业整体，在经济发展的三个时期实际都在发展，它不像工业那样只在一个时期有显著增长，而且，服务业在不同时期适应不同的生产技术水平，有不同的内部变化和发展。[①]

（四）富克斯服务经济理论

美国经济学家富克斯在《服务经济学》一书中，利用大量的统计数据，分析了美国服务业的发展。富克斯研究了服务业就业人数增长的三个主要原因：[②]（1）对服务业的最终需求增长较快。当收入增加时，人们对物品的需求会比对服务的需求增长得慢，从而使服务业在经济中所占地位更加重要。（2）对服务业的中间需求相对增长。社会分工的进一步发展，导致生产货物的行业对服务的中间需求增加了。（3）服务业的每人产值增长较慢。这主要在于服务部门的每人工时比工业部门的减少更多，而且工业部门劳动质量的提高比服务部门快得多。

二、二元社会的形成：基于拉尼斯－费模型的分析

从 20 世纪 50 年代开始，台湾地区的农业得到了迅速发展，农业剩余劳动力向工业和服务业等部门流动，这一趋势贯穿了台湾整个工业化

---

① Deniel Bell. The Coming of Post-industrial Society. Educational Books Ltd, 1974. 127.
② 富克斯. 服务经济学 [M]. 北京：商务印书馆，1987 年，第 11～13 页.

阶段，并在后工业化时期继续演进。根据拉尼斯－费扩展模型，农业劳动生产率的提高为非农部门提供了农业剩余，加上非农部门的资本积累与创新，增加了对劳动力的需求，农业剩余劳动力的流动才得以实现，这基本符合台湾地区的实际情况。

（一）拉尼斯－费模型及其扩展

1. 模型的引入

在一个国家或地区经济的发展过程中，劳动力存在从农业部门向非农业部门转移的趋势，1954 年，美国经济学家刘易斯提出"无限剩余劳动"模型，研究了在由传统生产部门（农业）和现代生产部门（工业）构成的二元经济结构中，农业剩余劳动力向工业部门流动和转移的过程，但该模型忽视了农业生产率提高对剩余劳动力转移的影响作用。1961 年，美国发展经济学家拉尼斯和费景汉发表了名为《经济发展理论》的重要论文，对刘易斯模型进行了修正，认为农业技术的进步，不仅为工业提供劳动力，还提供了剩余产品和资本积累，在此基础上，两人提出了后来以其名字命名的拉尼斯－费模型（Ranis-Fei Model）。

拉尼斯－费模型继承了刘易斯模型中的二元结构定义，将工业看作二元结构中的现代生产部门。笔者认为，经济社会的产业结构变动中确实存在由农业过渡到工业，再过渡到第三产业（如服务业）的趋势，但在许多国家和地区，农业过渡到工业的发展过程中已经伴随出现了第三产业（如服务业）的迅速兴起，并非在工业化实现之后（即后工业化时代）才有第三产业的发展，只不过在工业化之前，第二产业比第三产业发展速度更快、规模更大。由于工业部门一般要求劳动者具有较高的专业技术，且这种技术在短时间内难以掌握，而第三产业特别是餐饮服务等行业对劳动者的要求相对较低，因此第三产业在吸纳农业剩余劳动力方面具有很大的优势，其作用不可忽视。考虑到上述因素，本书在不影响拉尼斯－费模型框架的情况下，将二元结构中的现代生产部门从工业扩展到整个第二产业和第三产业（即非农产业），后面将看到，这种扩展更符合台湾地区农业劳动力流动的实际情况。

2. 模型的阐释[①]

图 2.1 表示非农部门。横轴 OW 度量非农劳动力，纵轴 OP 度量劳动力的工资和边际生产率。dd 为边际生产率曲线及劳动需求曲线，随着非农部门资本积累和创新的进步，dd 曲线向外移动到 d′d′，直到 d″d″。Sp′S′ 为劳动供给曲线，它由水平的 Sp′ 和上升的 p′S′ 构成，p′ 为拐点。在水平的 Sp′ 上，存在无限的剩余劳动供给，当农业生产率提高、劳动力转移速度超过人口增长速度时，劳动成为稀缺要素，无限的劳动供给不存在了，其曲线变为上升的 p′S′。

图 2.2 是一个封闭的盒状图，表示农业部门。右上角 O 点表示坐标原点，横轴 OA 度量农业劳动力，纵轴 OB 度量农业总产量。AX/OA 表示当 OA 单位的全部劳动力都在农业部门，且全部产品由农业劳动人口消费时，农业劳动力的平均收入，如果有人低于这个收入水平，则无法生存下去。拉尼斯和费景汉称此收入水平为"不变制度工资"（Constant Institutional Wage）。

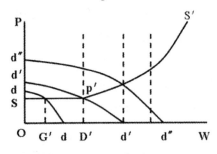

图 2.1　拉尼斯—费模型（非农部门）

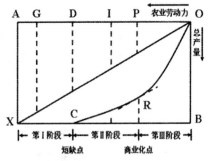

图 2.2　拉尼斯—费模型（农业部门）

ORCX 为总产量线 F＝F(L)，它包括两部分：曲线 ORC 和水平线 CX。由总产量线，可以得到农业劳动的边际生产率 $MPP_L = \partial F/\partial L$。根据 MPP_L 的大小，拉尼斯—费模型将农业劳动力的转移分为三个阶段：

（1）第 I 阶段：$MPP_L = 0$，即 CX 阶段（或 DA 阶段）

由于 CX 阶段为水平线，所以 $MPP_L = 0$，说明 DA 部分的农业劳动力属于过剩，将其转移到非农部门不会影响农业总产量，该部分劳动力

---

①［美］费景汉，拉尼斯. 劳力剩余经济的发展（中译本）［M］. 北京：华夏出版社，1989 年，第 168 页.

被称为"多余劳动力"（Redundant Labor Force）。此时的农业剩余＝农业总产量－农民消费，正好满足转入非农部门的劳动力对粮食的需求。当多余劳动力转移完毕，经济发展进入第Ⅱ阶段。

（2）第Ⅱ阶段：$0 < MPP_L < AX/OA$ ，即 RC 阶段（或 PD 阶段）

当 PD 阶段的劳动力转移出去后，农业总产量下降，而剩下的农民的消费仍和从前一样多，这样就无法按不变制度工资向非农部门提供农产品，[①]此时出现农产品短缺，造成粮价及非农部门的工资上涨。第Ⅰ阶段的劳动力 DA 加上第Ⅱ阶段的劳动力 PD，即 PA 被定义为"伪装的失业者"（The Disguised Unemployed），DA 和 PD 交界处的 D 点被定义为"短缺点"（Shortage Point）。

（3）第Ⅲ阶段：$MPP_L > AX/OA$ ，即 OR 阶段（或 OP 阶段）

此时，"伪装的失业者"已全部转移到非农部门，农业边际劳动生产率超过了不变制度工资水平。非农部门为吸引更多的劳动力进入，实际工资必须达到或超过农业边际劳动生产率。这样，随着农业劳动生产率的不断提高，实际工资水平就不断上升，农业劳动者的收入也变成由农业劳动生产率和市场共同决定，因此农业部门变得商业化了。OP 和 PD 交界处的 P 点被定义为"商业化点"（Commercialization Point）。在"商业化点"后，经济进入新古典增长阶段，劳动力在农业和非农部门都属于稀缺要素，需依靠市场机制进行配置。[②]

通过上述三个阶段的划分，拉尼斯和费景汉认为，经济发展中必须将"伪装的失业者"转移到非农部门中，而农业劳动生产率的提高和人口增长是影响转移的正反两方面因素，只有当劳动生产率得到提高，剩余劳动力转移速度超过人口增长速度时，才能进入第三阶段。应注意到，劳动力的流动是劳动力的释放与吸收共同作用的结果，农业生产过剩可以用来供养被释放的非农人口，而非农部门必须增加积累以便为被释放人口提供就业机会。[③]

（二）农业劳动生产率、农业剩余与台湾地区农业劳动力的转移

拉尼斯－费模型强调了农业劳动生产率的提高及农业剩余对农业劳

① 车维汉. 发展经济学 [M]. 北京：清华大学出版社，2006 年，第 63 页.
② 周天勇. 高级发展经济学 [M]. 中国人民大学出版社，2006 年，第 13 页.
③ ［美］费景汉，拉尼斯. 增长和发展：演进观点（中译本）[M]. 北京：商务印书馆，2004 年版，第 112 页.

动力转移的促进作用，这种作用在台湾地区的工业化发展过程中得到了充分的体现。从1945年台湾光复到20世纪末，台湾的农业基本上都处于稳步发展状态，农业劳动生产率也不断提高。

在光复初期，台湾的农地集中在国民党政权和少数大地主手里，广大的佃农和雇农靠租佃生活。由于地租率高，租佃关系不稳，农民生产积极性不高，生产效率低下。为此，台湾当局从1949年至1952年实行了第一次土地改革，通过"三七五减租"、"公地放领"和"耕者有其田"三个措施，将土地售卖给农民，实现了比较平均的小土地所有制。新的土地所有制刺激了农民从事生产的积极性，也带动了劳动生产率的提高，如1952年每公顷稻米生产量增至5216公斤，比"三七五减租"前提高近1400公斤。农业已开始为工业提供一定的剩余，台湾当局通过"肥料换稻谷"的方式为工业化积累原始资本。由于此时尚处于农业生产力刚刚恢复阶段，不能为非农部门提供过多的农业剩余，非农部门只能吸收较少量农业劳动力的转移，平均每年大约有4万人左右，[①]导致了非农产业的就业比重有缓慢上升趋势，从1952年的43.9%升至1965年的53.5%。但受农业部门利益空间较大的影响，加上人口自然增长较快，农业劳动力转移的数量不及新增的数量，因此，农业劳动力的绝对数量仍比较稳定，甚至有所增加，这种状态一直持续了约15年。

从20世纪60年代末开始，随着农业劳动生产率的逐渐提高，农业劳动力出现了较多的过剩，也即拉尼斯－费模型第Ⅰ阶段和第Ⅱ阶段中的"伪装的失业者"。特别是在80年代，台湾当局实行了扩大农地经营规模的第二次土地改革，大力推行农业机械化，导致农业生产力迅速提升，大量剩余劳动力从农业部门释放出来。此时农业部门为非农部门提供的农业剩余已经可以逐步吸纳较多的农业剩余劳动力，工商业的资本积累和技术创新也带来了更多的劳动力需求（相当于图2.1中劳动需求曲线的外移）。这样，拉尼斯－费模型中劳动力释放与吸收共同发挥作用的情形显现出来，结果，农业劳动力向非农部门转移的趋势加快，平均每年达到8万多人。由于新增农业劳动力逐渐减少，1970～1975年间为17.40万人，1975～1980年间为68000人，1980年后微乎其微乃至减退，

---

① 杨德才．工业化与农业发展问题研究：以中国台湾为例［M］．北京：经济科学出版社，2002年，第101页．

因此，农业劳动力绝对数量也有所下降，平均每年减少 3 万多人。从表
2.1 中可以看到，1970 年到 1995 年，农业在总就业人口中的比重以及农
业就业人数均呈显著下降趋势。

表 2.1　台湾地区农业劳动力的变化

年份	总就业人数 （万人）	农业就业人数 （万人）	就业人口构成（%）		
			农业	工业	服务业
1952	292.9	164.2	56.1	16.9	27.0
1955	310.8	166.7	53.6	18.0	28.4
1960	347.3	174.2	50.2	20.5	29.3
1965	376.3	174.8	46.5	22.3	31.2
1970	457.6	168.0	36.7	28.0	35.3
1975	552.1	168.1	30.4	34.9	34.7
1980	654.7	127.7	19.5	42.4	38.1
1985	742.8	129.7	17.5	41.4	41.1
1990	828.3	100.5	11.5	39.1	49.4
1995	904.5	95.4	10.5	38.7	50.8

统计资料来源：根据《台湾统计手册》、台湾《国民经济动向统计资料》、台湾
统计资讯网等整理。

（三）台湾地区农业劳动力的转移途径

1. 工业化（第二产业）的推进

第一次土地改革结束后，台湾大力推行"经济建设计划"，开始其工
业化进程。工业的迅速发展带动了对劳动力的巨大需求，特别是 20 世纪
60 年代劳动密集型工业的兴起，创造了大量的就业机会，吸纳了主要的
农业剩余劳动力。在 1953 年至 1972 年的工业化过程中，平均每年流出
2.2 万农业剩余劳动力，其中约 1.3 万流向了工业部门。

值得注意的是，为转移农村中的隐性过剩人口（即"伪装的失业者"），
台湾在六七十年代推行了"工业下乡设厂"政策，吸引农闲时的剩余劳
动力进厂做工，而在农忙时，这些劳动力仍回乡务农。这有助于减少农

业就业人口，实现农业的充分就业。[①]

2．服务业（第三产业）的吸纳

按产业结构变动的规律，服务业一般在后工业化时期得到迅速发展，但台湾的情况比较特殊，它的服务业过早地成熟。这也是本章将拉尼斯－费模型中的现代经济部门从工业扩展至包括工业和服务业在内的非农部门的原因。早在 20 世纪 50 年代初，台湾的服务业即占 GDP 的 50%左右，总就业人口的 28%左右，这主要是当时国民党大批人员迁台造成了对生活性服务的巨大需求。服务业的早熟使得其对农业剩余劳动力的吸纳作用不可忽视。在工业化期间，高达 41%的农业剩余劳动力流向了服务业，而进入后工业化时期后，随着工业部门对劳动力的吸纳作用逐渐减弱，服务业成为吸纳农村剩余劳动力的主力。据台湾《统计年鉴》等资料统计，1975～1986 年间，服务业年均劳动力吸收率高达 60%，到 1995 年，服务业就业人口已占总就业人口的 50.8%。

3．兼业农的兴起

在台湾的经济发展过程中，还出现了所谓兼业农：一方面，这些兼业农的户籍仍在农村，身份还是农民；另一方面，他们在农闲时又从事工商业生产。[②]1975 年，台湾的兼业农达到 73 万户，占总农业户数的 82%。兼业农的兴起，既保证了农业生产的正常进行，又促进了农闲时剩余劳动力的转移。

（四）总述

在拉尼斯－费扩展模型所强调的农业劳动生产率及农业剩余因素的作用下，台湾地区在工业化和后工业化时期出现了农业剩余劳动力向非农部门流动的趋势。迅速发展的工业部门吸纳了大量剩余劳动力，而台湾独特的服务业早熟现象也使得服务业成为劳动力的主要流向之一。

三、服务化社会的形成

根据罗斯托经济增长阶段理论，当一个国家和地区经历了经济的起飞阶段，实现了工业化以后，生活的服务化开始深入，服务业的发展进

[①] 杨德才．工业化与农业发展问题研究：以中国台湾为例［M］．北京：经济科学出版社，2002年，第 126 页。

[②] 韩慧敏．台湾省的兼业农现象及其启示［J］．世界农业，2002（3）：19。

入了一个全新的阶段，并逐渐过渡到成熟阶段和大众高消费阶段，社会全面进入后工业化社会，也即所谓服务型社会。台湾的经济发展遵循了罗斯托的理论。20 世纪 80 年代中后期，台湾经济发展大致完成了工业化进程，开始向后工业化社会过渡，产业发展的重点从以商品经济为主转向以服务经济为主。[①]发展到现在，台湾的服务业已经达到成熟水平，完全占据了经济的主导地位。

（一）服务业发展水平

1. 产值水平

服务业在台湾的经济发展过程中一直扮演非常重要的角色。从产值的角度看，自 20 世纪 50 年代以来，服务业在台湾 GDP 中的比重一直保持在 45%以上，到 2013 年达到 68.29%，实现产值 98558 亿元新台币[②]，由此可以看出台湾服务业水平之高。但是，在台湾经济发展的不同时期，这一比重代表了不同的意义。

表 2.2　台湾三大产业产值在 GDP 中所占比重（%）

年份	农业	工业	服务业
1955 年	29.1	23.2	47.7
1960 年	28.5	26.9	44.6
1965 年	23.6	30.2	46.2
1970 年	15.5	36.8	47.7
1975 年	12.7	39.9	47.4
1980 年	7.7	45.7	46.6
1985 年	5.8	46.3	47.9
1990 年	4.2	41.2	54.6
1995 年	3.6	36.3	60.2
2000 年	1.98	29.09	68.93
2005 年	1.67	31.26	67.08
2010 年	1.64	31.00	67.36
2013 年	1.69	30.02	68.29

资料来源：《Taiwan Statistical Data Book》；台湾"经济部统计处"数据。

---

① 陈恩. 台湾地区经济结构分析——从产业结构角度切入 [M]. 北京：经济科学出版社，2003 年，第 119 页。

② 当年 1 美元约合 30 元新台币.

早在 20 世纪 50 年代初，台湾的经济刚从二战后的混乱中渐渐恢复过来，服务业在 GDP 中的比重已达 47%左右。从表面上看，此时的服务业发展比较繁荣，但实际上这种"繁荣"是在台湾经济并不发达、工业化尚未实现之前的一种表象，属于超前发展。其主要原因在于，在 40年代末与 50 年代初，国民党赴台时带去了 150 万军政人员和其他人员，使岛内人口骤然增加，引起整个社会对生活性服务需求的迅速增加，加上政府服务、个人服务和商业部门在此时膨胀较快，从而导致台湾服务业的产值呈现急剧增长。因此，此一阶段台湾服务业产值规模的扩大，是服务需求畸形发展的结果，并非经济发达的标志。

进入 20 世纪 60 年代以后，在外向型经济发展战略的指导下，台湾经济发展进入了快车道，广阔的国际市场空间使得台湾的工业尤其是制造业获得了良好的发展，并带动了对生产性服务的庞大需求，同时，在生产发展、就业增加的形势下，居民收入水平提高，从而引致了对生活性服务需求的上升，在生产性服务需求和生活性服务需求的合力拉升下，台湾的服务业真正走上了蓬勃发展的道路。

从 20 世纪 70 年代到 80 年代中期，台湾的服务业产值在 GDP 中虽然仍保持较高的比重，但呈逐渐下降趋势，而且从产值的增长看，这一时期台湾服务业产值增长率保持在相对较低的水平，到 1975 年只有6.0%，远低于 1966 年 8.9%的水平。这与当时的经济形势有关。从 70年代两次石油危机以及世界性的通货膨胀对台湾的经济产生了较大的冲击，1980 年，台湾被国际货币基金组织和世界银行取消了成员资格，使得这两个组织的资金不能直接运用于台湾的经济发展，结果导致岛内民间投资意愿下降，这些都对当时服务业的发展带来了负面的影响。

20 世纪 80 年代中期以后，台湾服务业的发展得到了质的提升。随着社会经济的发展，居民所得的提高，居民的消费结构发生了变化，人们对精神文化生活的消费逐渐增多，开始重视生活品质的提升，从而促进了休闲娱乐、旅游观光和文化创意等产业的发展。1980 年，在台湾居民的个人消费支出中，饮食占 40.35%，居住占 28%，娱乐占 8.2%，衣着占 7.0%，交通占 6.7%，医疗占 4.2%，而在 10 年之前，饮食支出还高达 52.5%，居住仅占 22%，娱乐为 2.66%，交通为 3%。[①]

----

① 李宏硕. 台湾经济四十年 [M]. 太原：山西经济出版社，1993 年，第 309 页。

进入 21 世纪，岛内经济萧条，失业严重，居民收入水平增长缓慢，台湾的服务业增长出现了一定程度的减缓，2000 年至 2013 年服务业的年增长率平均水平为 2.9%。但是服务业对台湾经济的重要性并未下降。2013 年台湾 GDP 为 145642 亿元新台币，同比增长 2.11%，其中服务业贡献了 1.06 个百分点。[①]

2. 就业水平

服务业的一个重要特点就是能吸纳大量的劳动力就业。富克斯的服务经济理论强调，服务业在整个社会的就业比重随着人均收入的上升而逐渐增加，这一观点是许多国家和地区在经济发展中表现出来的共同趋势，台湾也不例外。

台湾的服务业就业比重逐年上升（表 2.3，见下页），到 2013 年，台湾的服务业就业人员为 645.8 万人，占台湾总就业人口的 58.9%，明显高于第一产业的 5.0% 和第二产业的 36.1%，这说明了台湾服务业在解决就业问题上的重要作用。

这里需要注意一个现象。按照配第－克拉克定理，在经济发展过程中，劳动力应该首先由第一产业（农业）向第二产业（工业）转移，随后再向第三产业（服务业）转移，但通过"台湾三大产业就业比重折线图"（图 2.3，见下页），我们可以明显地发现，早在 1952 年左右，台湾的服务业就业人员数量就已经超过工业，而实际上此时台湾的经济处于战后恢复时期，还未进入工业化阶段。

出现这一现象，究其原因，除了前文所述当时岛内人口的急剧增加刺激了服务业的畸形发展之外，还在于 20 世纪 50 年代前期台湾土地改革完成后，农业生产率得到迅速提高，大量的农业剩余劳动力从农业部门分离出来，而此时台湾的工业还很不发达，规模小，其创造的就业机会无法容纳这些剩余的农业劳动力，结果服务业就成为这些剩余劳动力的主要去向。20 世纪 70 年代以后，台湾的工业得到了迅速发展，台湾处于工业化阶段，此时，工业部门吸纳的劳动力逐渐超过服务业和农业，在持续一段时期后，劳动力又按照配第－克拉克定理所揭示的规律，从农业和工业部门流向了服务业。

---

① 根据台湾"经济部统计处"数据整理。

表 2.3　台湾三大产业就业比重

单位：%

年份	第一产业	第二产业	第三产业
1952 年	56.1	16.9	27.0
1955 年	53.6	18.0	28.3
1960 年	50.2	20.5	29.3
1965 年	46.5	22.3	31.3
1970 年	36.7	27.9	35.3
1975 年	30.4	34.9	34.6
1980 年	19.5	42.5	38.0
1985 年	17.5	41.6	41.0
1990 年	12.8	40.8	46.3
1995 年	10.5	38.7	50.7
2000 年	7.8	37.2	55.0
2005 年	5.9	36.4	57.7
2010 年	5.2	35.9	58.8
2013 年	5.0	36.1	58.9

资料来源：Taiwan Statistical Data Book 2013；就业市场情势月报，2014（1）。

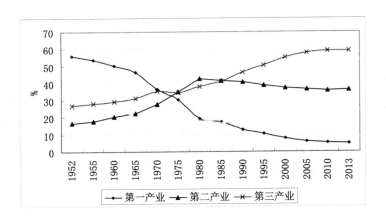

图 2.3　台湾三大产业就业比重折线图

资料来源：根据表 2.3 绘制。

从服务业内部的角度来看，目前批发零售业的就业人数居服务业之最，达到 181.7 万人，占服务业总人数的 28.1%，这主要是由于批发零售业企业数量非常多，遍布岛内各地，从而吸纳了大量劳动力。住宿餐饮和运输仓储的就业人数也较多，而一些新兴的现代服务业，如金融保险、医疗保健社工、休闲娱乐等产业的从业人员相对较少，这一方面在于许多新兴行业的规模比较小，吸纳的劳动力有限，另一方面在于现代服务业重视资本与技术的融合，已不再需要太多的劳动力，这就明显不同于传统的劳动密集型服务业。

3. 薪资水平

从产业间比较来看，根据台湾《Taiwan Statistical Data Book 2013》公布的数据，2012 年台湾服务业受雇员工的月平均薪资水平为 47233 元新台币，略高于工业的薪资水平 44280 元新台币。

从服务业内部看，由于服务业涵盖范围较广，各行业的发展水平和盈利能力差别较大，因此，各服务业的薪资水平差距也比较大（图 2.4），

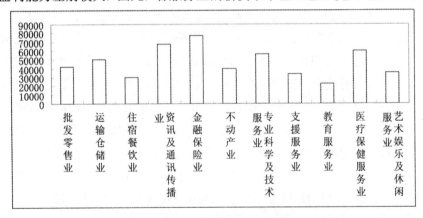

图 2.4 2012 年台湾服务业有关行业月平均薪资水平

资料来源：根据台湾《就业市场情势月报》2013 年第 2 期整理。

具体而言，薪资水平最高的服务业为金融保险业，达 76932 元新台币，说明金融保险业盈利能力较强，在就业市场上具有很高的吸引力，其次为资讯及通讯传播业，为 66588 元新台币，而住宿餐饮业和教育服务业最低，分别为 30156 元新台币和 22769 元新台币。从这些数据可以看到，现代服务业的薪资水平要明显高于传统服务业。

（二）服务业主要行业概况

1. 金融保险业

金融保险业是台湾的支柱产业之一。台湾的金融保险业系指凡从事银行及其他金融机构经营活动的服务部门，范围包括银行业、信用合作社业、农（渔）业信用部、信托业、邮政储金汇兑业、其他金融及辅助业、证券业、期货业及人身保险业、财产保险业、社会保险业及再保险业等。台湾金融企业资产庞大，金融机构资产总额为 40 万亿元新台币，远远超过其他产业。2013 年台湾金融业生产总值为 9411 亿元新台币，同比增长 2.6%，金融业产值占 GDP 比重达 6.52%。

　　银行业是台湾金融业的主体。台湾现有银行主要是通过三条渠道衍生而来：① 一是战后台湾当局接收改组日据时期的金融机构，如台湾银行、彰化银行、华南银行、第一银行、土地银行、合作金库、台湾中小企业银行等七家；二是从大陆迁至台湾的金融机构，包括台湾银行、台湾农业银行、台湾交通银行、台湾信托主管部门、邮政储金汇业主管部门等五家；三是台湾当局自己设立的金融机构，例如台湾输出入银行、台北银行、高雄银行、台湾土地开发信托投资公司等。这三类金融机构基本上都是公营银行。1989 年，台湾当局推动金融自由化改革，1990 年 4 月台湾财政主管部门颁布《商业银行设立标准》，在此政策环境下，岛内先后成立了许多家民营银行，原有的公营银行也开始转向民营化经营。经过几十年的发展，台湾银行业已经形成了比较完善的体系。根据台湾相关主管部门最新公布的统计资料，2013 年底，台湾共有本土银行 39 家，外资银行在台分行 28 家，大陆地区银行在台分行三家；此外，台湾还有信用合作社 24 家，农会信用部 278 家，渔会信用部 25 家。

表 2.4　2013 年台湾内外资银行损益情况统计（单位：百万元新台币）

类别	收益	费损	税前损益
本土银行	1534455	1276808	257648
外资银行在台分行	139216	124957	14260
大陆地区银行在台分行	12077	10019	2058

资料来源：根据台湾行政主管部门《金融机构损益简表》（2013 年第 4 季）整理。

---

① 杨胜刚. 台湾金融发展论 [M]. 长沙：湖南人民出版社，2004 年，第 64 页.

台湾证券业涵盖范围广泛，包括了一般证券公司、票券金融公司、证券金融公司与信托投资公司等。台湾证券公司可分为证券经纪商、证券自营商、证券承销商、证券投资顾问与证券投资信托等不同业务的证券企业。早在日据时期，日本的股票经纪商便开始在台湾地区推销股票。[①]1954年，《台湾省证券商管理办法》颁布，允许设立券商，从事证券买卖。1960年，台湾"证券管理委员会"正式成立，成为管理监督证券市场的主管机关；1962年，台湾证券交易所正式对外开业，标志着台湾的证券市场发展迈入了一个新的阶段；1968年，台湾地区证券交易相关规定颁布；1988年5月，《证券商设置标准》开始实施，取消了经纪和自营必须分业的限制，允许设立综合证券商。截至2013年，台湾共有证券商120家，证券投资信托业38家，证券投资顾问业109家，证券金融业两家，证券交易所一家，证券柜台买卖中心一家，证券集中保管事业一家。在资产及业绩方面，2012年，台湾证券商营业收入为3291.3亿元新台币，营业支出为3111.5亿元新台币，税前损益为179.8亿元新台币。[②]

保险业是台湾另一大金融业。从1836年英国利物浦保险公司在台湾地区设立代表处以来，台湾的保险业已有170多年的历史。截至2013年，台湾总计有56家保险机构，其中再保险业三家，财产保险业23家，人身保险业30家。2013年保险业保费收入总计2.7万亿元新台币，同比增长4.22%，其中，财产保险业保费收入为1249.0亿元新台币，同比增长3.67%；人身保险业保费收入为25835.3亿元新台币，同比增长4.24%。保险密度（即每人平均保费支出）为115874元新台币，同比增长3.96%；保险渗透度（即保费收入对GDP比率）为18.60%，同比增长0.76%。[③]

2. 流通服务业

流通服务业系指生产者制造完成商品后，将最终产品及服务移转至最终消费者过程之经济连结活动，而与信息流资金流活动相关之产业则为流通相关产业。在台湾，流通服务业范围包括批发业、零售业、物流业（不包括客运业的运输仓储业）。

批发零售业为面对最终消费者的主要经营业者，是台湾岛内很重要

---

① 王瑞平. 亚洲证券与基金实务［M］. 北京：中信出版社，1992年，第34页.
② 台湾"行政院金融监督管理委员会"数据。
③ 台湾财团法人保险事业发展中心，财务业务重要指标. http://www.tii.org.tw/fcontent/information/information03_01.asp?P2b_sn=23。

的服务形态。目前台湾的批发零售业经营趋于连锁化与专业化，通过扩大采购规模降低进货成本，进而实现规模经济带来的好处。批发零售业业态呈多元化特点，多以满足不同消费者的需求。此外，为了在竞争激烈的市场上占据有利形势，台湾的批发零售业将朝大型化方向发展。

根据台湾的行业分类标准，物流业是以除客运之外的运输仓储业为主，包含的业态有铁路运输业、汽车货运业、海洋水运业、民用航空运输业、储配运输物流业、报关业、船务代理业、陆上货运承揽业、海洋货运承揽业、航空货运承揽业、陆上运输辅助业、港埠业、其他水上运输辅助业、仓储业与快递服务业等。为提升服务品质，降低成本，以适应激烈的市场竞争，岛内物流业者注重发展全方位服务功能，经营范围不断扩大到信息情报服务、流通加工、进出口承揽、报关、保税仓库与宅配等加值服务，以提供更为完整的物流服务。

3. 医疗保健业

医疗保健业包括预防健康服务、国际化特色医疗、医疗国际营销、医疗信息科技、健康产业知识库、本土化辅具、无障碍空间、照顾服务、老人住宅以及临终医疗服务等。20 世纪 80 年代以来，台湾地区经济发展迅速，生活与教育水平提升，居民对医疗保健的需求日益增加。随着社会进步、生活形态改变与卫生医疗科技进步，台湾居民对医疗服务的需求由治疗转为"治疗与护理并重"，因此，加强对病人出院后的照顾日益重要。这就使得岛内的医疗保健业拥有较为广泛的市场空间，发展潜力巨大。

4. 观光及运动休闲业

观光服务业是指提供观光旅客旅游、食宿服务与便利及提供举办各类型国际会议、展览相关之旅游服务。此外，运动休闲服务业则是指运动用品批发零售业、体育表演业、运动比赛业、竞技及休闲体育场馆业、运动训练业、登山向导业、高尔夫球场业、运动传播媒体业、运动管理顾问业等。

观光产业与运动休闲产业的发展有密切关系，一方面，随着经济的发展，台湾人越来越注重养身，使崇尚健康取向的健身活动逐渐萌芽；另一方面，诸如棒球、篮球等深受台湾人喜爱的职业球赛，经过企业界及相关人士大力策划与推动，在社会上逐渐形成风潮，带动了关联产业的发展。

观光产业为高成本、回收期长的服务业，近年来岛内观光游乐业有朝大型化、主题化及客流分层规划诉求等方向发展的趋势，但游客局限于以本地民众为主，[①]可填补离峰的国际观光客仍占少数，尖离峰现象相当明显。

运动休闲产业有其自身的特殊性，且存在市场细分的必要。从目标市场定位来看，青少年是运动产业的消费主体，因此台湾的运动产业倾向于走时尚流行路线，以提高对青少年的吸引力，满足青少年的运动兴趣和相关需求。而登山向导业、高尔夫球场业等很多休闲体育产业则多以中年人士和退休老人为消费主体，在居民生活品质上升、退休生活保障水平提高且健康理念不断深入的背景下，台湾的休闲体育产业具有很好的发展潜力。

5. 文化创意服务业

作为新兴的现代服务业，文化创意服务业是指源自创意或文化积累，透过智慧财产的形成与运用，具有创造财富与就业机会潜力，并促进整体生活环境提升的行业。从最前端的创意创造，到中间的设计加工，乃至后端的产品营销，都可以包含在内。文化创意服务业的产业范畴包括：视觉艺术产业、音乐与表演艺术产业、文化资产应用及展演设施产业、工艺产业、电影产业、广播电视产业、出版产业、流行音乐即文化内容产业、广告产业、产品设计产业、视觉传达设计产业、设计品牌时尚产业、建筑设计产业、创意生活产业、数位内容产业等。

文化创意产业不但可以扩大内需市场，如果结合科技也具有出口能力。台湾过去已有一定程度的服务业基础与服务文化，且具有人才教育程度素质高、休闲娱乐与文化消费蓬勃的特质，再加上大陆与港台市场广大，台湾确实具有发展文化创意产业的优势。[②]2012 年台湾文化创意产业共有 58686 家，营业额为 7574 亿元新台币，同比下降 3.42%；营业额占 GDP 比重为 5.39%，同比下降 0.35 个百分点。这主要是由于全球经济不景气，岛内消费趋缓。在台湾文化创意产业的营业额中，内销收入占 90.64%，显示内销仍为台湾文化创意产业的主要收入来源。[③]

---

① 陈元勇. 台湾旅游观光业的发展概述 [J]. 福建社科情报，2003（4）：23.
② 杜英仪. 台湾服务业发展现状 [J]. （台）经济前瞻，2003（11）：54.
③ 台湾"文化部". 2013 台湾文化创意产业发展年报，第 18～20 页.

（三）经济服务化的动因

从前面的论述可以看到，经过半个多世纪的发展，台湾的服务业取得了很大的成就，并推动台湾经济走入服务化阶段。从历史的角度看，台湾经济服务化迅速形成的原因主要在于两个方面：

一方面，台湾工业的发达带动了服务业的兴起。服务业作为一个独立的产业，是从工业中分离出来的，它的发展依存于工业。台湾现代服务业的迅速发展在根本上是由于其工业尤其是制造业的带动作用。20世纪50年代，为增加工农业生产，实现自给自足，台湾实施进口替代发展战略，"以农业发展工业，以工业发展农业"，电力、化肥及纺织业得到发展；20世纪60年代中期，台湾经济高速发展，为满足工业迅速发展的要求，克服岛内市场不足的问题，台湾实施了出口导向发展战略，大力扩展外销加工工业，使台湾经济走上了"起飞"的道路；特别是到了20世纪80年代，台湾的机械工业、电子与资讯工业作为策略性工业而得到了优先发展。至80年代中期，台湾经济发展基本完成了工业化进程，逐步走向后工业化社会，即服务经济阶段。台湾工业对服务业的带动作用主要体现在三点：

第一，工业尤其是制造业的发展形成了对生产性服务的巨大需求，物流业、金融业、通讯业等现代服务业应运而生。例如，产品的流通销售离不开完善的物流网络，企业的资金融通需要有发达的金融体系，IT业的繁荣催生了新兴的创意产业，等等。

第二，工业建设为服务业的发展提供了有利的基础条件。服务业的发展离不开完善的基础设施、发达的交通网络和先进的科技产品，在现代服务业日益兴起的今天尤为如此。台湾在20世纪70年代大力发展重化工业，推动港口、机场、高速公路等十大建设，客观上为流通服务业的发展提供了便利；20世纪90年代以电子信息为代表的新兴高科技产业的迅速发展，带动了服务业在服务方式和服务手段上的创新与变革，如金融业网络业务的兴起，流通服务业数据传输平台的建立，等等。

第三，工业的发展间接带动了对生活性服务需求的上升。在工业化时期，台湾的工业迅速发展，由此推动了台湾整个经济的飞速发展。经济的发展带来了就业和居民收入的增加，使人们的消费能力得到了进一步提高，从而促进了对生活性服务需求的增长，住宿餐饮、休闲观光、医疗保健等得到了更大的发展。

另一方面，台湾当局为现代服务业的发展提供的政策支持也不容忽视。国际经验表明，适当的政策支持和合理的制度安排与服务业的发展存在高度的关联。[①]台湾当局对服务业的政策支持，可以分为三个类型：

（1）出台面向整个服务业的纲领性文件。如台湾当局在1986年就公布了"推动策略性服务业发展方案"，明确了服务业发展的重点和方向，并提出了服务业发展的政策，这就把服务业作为一个整体来考虑并上升到政策的平台，成为促使台湾服务业能够沿着经济的轨迹快速发展的重要推动力。[②]

（2）推出包括服务业在内的经济建设规划方案。如1995年，当局提出要建设"亚太营运中心"计划，宣称要充分利用台湾在亚太地区的地理优势与经济战略地位，整合区域经济资源，将台湾打造成"制造中心、海运中心、空运中心、金融中心、电信中心和媒体中心"，虽然该计划最终未能取得成功，但不可否认其在实施阶段也取得了一定效果。

（3）制定服务业所涵盖的特定行业的发展政策。较为成功和典型的是20世纪80年代台湾当局推动金融自由化改革，包括利率自由化、外汇自由化、金融机构设立自由化和金融业务自由化四个层次。在此政策推动下，台湾的金融业获得了宽松的发展环境，开始进入快速发展时期。

正是因为工业的带动和以前当局的政策支持，台湾的服务业才能进入发展的快轨道。事实上，这两个因素不仅是对台湾服务业取得成功的总结，也是未来如何进一步发展的有益借鉴。

四、台湾经济结构转型的困境与反思

台湾经济结构的转型与台湾在世界经济体系中的地位密切相关。作为外向型经济体，台湾通过国际贸易尤其是与"中心经济体"的贸易往来，参与世界经济体系的运作。国际贸易是国际分工的基础，台湾的贸易结构逐渐影响了岛内的生产结构，进而影响了台湾的经济结构。

从表2.5可以看出，自1981年以来，台湾出口产品结构中农产品和

---

① 危旭芳. 服务业发展问题理论综述及其研究启示 [J]. 南方经济，2005（6）：78.
② 陈恩. 台湾地区经济结构分析——从产业结构角度切入 [M]. 北京：经济科学出版社，2003年，第187页.

农产加工品的比重逐渐下降，而工业品的比重则逐渐上升。从同期台湾主要贸易伙伴——欧美经济体的产业结构来看，20 世纪 80 年代以来，欧美积极推行"去工业化"战略，并通过两个途径对台湾的经济结构产生了影响：一方面，发达经济体的部分制造业转移到台湾，促进了台湾制造业的发展和二元社会结构的深化；另一方面，欧美经济体增加了从台湾地区的工业品进口，并促使工业品在台湾出口结构中比重的上升，进而使岛内生产结构中工业的比重持续上升。前文已经说明，工业的发展带动了台湾生产性服务业和生活性服务业的发展。

表 2.5　台湾出口产品结构

单位：%

年份	农产品	农产加工品	工业品	重化工业产品	非重化工业产品
1981	2.6	4.6	92.8	32.2	60.6
1982	2.0	5.1	92.9	33.2	59.7
1983	1.9	4.8	93.2	33.0	60.2
1984	1.7	4.3	94.0	34.0	60.0
1985	1.6	4.5	93.9	33.9	60.0
1986	1.6	4.9	93.5	34.1	59.4
1987	1.3	4.8	93.9	36.6	57.3
1988	1.4	4.1	94.5	41.3	53.2
1989	0.7	3.9	95.4	44.0	51.4
1990	0.6	3.8	95.5	45.9	49.6
1991	0.7	4.0	95.3	45.9	49.4
1992	0.6	3.7	95.7	48.2	47.5
1993	0.6	3.5	95.9	52.0	43.9
1994	0.5	3.6	95.9	54.1	41.9
1995	0.4	3.4	96.2	58.6	37.6
1996	0.4	3.1	96.5	60.5	36.0
1997	0.3	1.8	97.9	62.9	35.0

续表

年份	农产品	农产加工品	工业品	重化工业产品	非重化工业产品
1998	0.3	1.5	98.2	64.3	34.0
1999	0.3	1.3	98.4	67.5	30.9
2000	0.2	1.2	98.6	71.8	26.8
2001	0.2	1.3	98.4	71.5	26.9
2002	0.3	1.3	98.5	73.6	24.9
2003	0.3	1.2	98.6	75.9	22.6
2004	0.2	1.1	98.6	77.9	20.7
2005	0.2	1.1	98.7	80.2	18.5
2006	0.2	0.8	99.0	81.9	17.1
2007	0.2	0.8	99.1	82.8	16.3
2008	0.2	0.8	98.9	82.9	16.0
2009	0.2	0.9	98.8	82.6	16.2
2010	0.3	0.8	98.9	83.3	15.6
2011	0.3	0.9	98.8	82.9	16.0
2012	0.3	1.0	98.7	82.4	16.3

资料来源： Taiwan Statistical Data Book 2013。

但是，台湾经济结构在实现转型的过程中也面临自身的困境，主要表现在以下三个方面：

一是对欧美等"中心经济体"的依赖性较强。以国际分工和国际贸易为纽带，欧美的经济结构对台湾地区的经济结构有着重要影响。如果欧美的经济结构突然发生变动，或者其进口需求出现剧烈下滑，那么将对台湾的出口水平和出口结构产生冲击，进而影响台湾的生产结构和经济结构。

二是较具优势的工业品相对单一。电子产品是台湾较具国际竞争优势的工业品，也是台湾的主要出口工业品。2012 年，电子产品占台湾出口总额的 27.7%，明显高于其他产品。这种优势相对单一的状况，降低了台湾经济的抗风险能力，如果电子行业发展受阻，将会对台湾经济带来较大冲击。

三是服务业市场狭窄。虽然台湾经济已达到服务化水平，但是台湾面积较小，人口数量有限，加上民众实质薪资徘徊不前，致使台湾的消费水平和消费规模难以大幅提高，这将影响台湾服务业的发展。

第二节 台湾收入差距的 Shapley 分解

收入差距的扩大是近年来台湾经济面临的重大现实问题，并给台湾带来了日益严重的社会问题。台湾的收入差距主要表现为区域间的差距，即台湾北部、中部、南部和东部之间的差距。Shapley 分解结果表明，区域间工商业发展的不平衡是台湾各区域收入差距扩大的首要因素。在地方资源有限的情况下，开放外来资金进入台湾中南部，是促进台湾工商业均衡发展进而缩小区域收入差距的重要途径。

一、台湾收入差距的概述

在经历了"东亚奇迹"之后，东亚国家和地区已经从低收入经济体向中等收入经济体迈进。但是，以增长停滞、收入差距扩大等现象为特征的"中等收入陷阱"使东亚地区面临新的挑战。尤其是我国台湾地区作为"东亚四小龙"之一，正陷入收入差距不断扩大的困境。

收入差距的存在是一个国家或地区在经济发展过程中难以避免的现象，但是如果收入差距过大，导致社会财富过分集中到少数群体中，则会产生严重的社会问题。在经历了经济的快速发展之后，台湾地区的收入差距问题已逐渐引起人们的重视。研究收入差距可以从多个角度进行，例如不同行业之间、不同群体之间、不同区域之间、城乡之间的收入差距。目前学界关于台湾收入差距问题的研究较多是从群体的角度进行(包括分析台湾居民收入的基尼系数、贫富阶层的差距等等)，而较少从区域的视角分析台湾不同区域之间的收入差距水平。从台湾的现状来看，基于区域视角的收入差距状况值得深入探讨。一方面，就经济发展水平而言，台湾长期存在北部与南部、西部与东部之间的差距。一般来说，区域间经济发展水平的差距会带来区域间收入水平的差距。当收入差距积累到一定程度时，表明社会资源和财富在不同区域之间分配不公，这将有可能造成区域之间的歧视和对立，并引起民众的不满情绪。因此，缩小区域间的收入差距已成为台湾社会的强烈诉求。另一方面，在台湾"北蓝南绿"的特殊政治生态背景下，区域间的收入差距问题已从经济议题上升为政治议题。为巩固和扩大基本盘，争取更多选民的支持，无论是在蓝营还是绿营执政时期，在野阵营都会借区域差距（主要是南北差距）议题攻击执政当局，而执政当局则端出各种"政策牛肉"，试图提高民众收入、缩小南北差距。总之，区域间的收入差距问题已成为岛内各界关注的焦点。

在讨论如何缩小台湾的区域间收入差距之前，我们必须分析解决两个问题：一是台湾的区域间收入差距究竟处于什么样的水平，二是如果这一差距存在扩大的趋势，那么造成这一扩大趋势的因素有哪些。为此，本书主要分两个步骤进行研究，第一步是运用泰尔指数计算出 1981～2010 年间台湾的收入差距水平，并按北、中、南、东四个区域进行分解，这样我们可以清楚地看到 30 年来台湾区域间和区域内收入差距的发展趋势，并发现 2000～2010 年是台湾区域间收入差距的扩大阶段；第二步是运用 Shapley 值法，对 2000～2010 年间台湾区域间收入差距水平进行分解，即分析有关因素对台湾区域间收入差距扩大的贡献水平。在上述分析的基础上，我们可以进一步提出缩小区域间收入差距的对策建议。

二、台湾收入差距的区域分解：泰尔指数的运用

（一）指标选取与分解方法

测量收入差距的常用指标有基尼系数、泰尔指数和变异系数等。本书主要是将台湾的县市人口按地理位置分成四个区域进行分析，而泰尔指数能够很好地通过分组分解考察组内差距和组间差距，因此本书以泰尔指数作为分析收入差距的指标。

泰尔指数是由泰尔（Theil）根据统计信息理论提出的用以衡量个人或地区之间收入差距水平的指标。假定某地区的全部人口总数为 N，I_k

表示第 k 个人的收入，向量 $I = (I_1, I_2, \cdots, I_N)$ 表示该地区相应的收入，$\bar{I}$ 表示 N 个人的平均收入，则衡量该地区收入差距的泰尔指数（T）可以表示为：

$$T(I) = \frac{1}{N} \sum_{k \in N} \ln \frac{\bar{I}}{I_k}$$

T 值越大，表明收入差距越大；T 值越小，表明收入差距越小。

假若该地区按地理位置可以划分为完备而无重合的 m 个子区域，则总人口 N 可以相应地分成 m 个组。记各组人口为 N_i（$i = 1, 2, \cdots, m$），各组人口占总人口比重为 n_i（$n_i = \frac{N_i}{N}$），各组对应的收入向量为 I^i，各组的收入均值即人均收入为 $\bar{I}^i$，那么泰尔指数 T(I) 可以进行如下的分解：[①]

$$T(I) = \frac{1}{N} \sum_{k \in N} \ln \frac{\bar{I}}{I_k} = \frac{1}{N} \left(\sum_{k \in N_1} \ln \frac{\bar{I}}{I_k} + \sum_{k \in N_2} \ln \frac{\bar{I}}{I_k} + \cdots + \sum_{k \in Nm} \ln \frac{\bar{I}}{I_k} \right) =$$

$$\frac{1}{N} \sum_{i=1}^{m} \sum_{k \in N_i} \ln \frac{\bar{I}}{I_k} = \frac{1}{N} \sum_{i=1}^{m} \sum_{k \in N_i} \left(\ln \frac{\bar{I}}{\bar{I}^i} + \ln \frac{\bar{I}^i}{I_k} \right) =$$

$$\frac{1}{N} \sum_{i=1}^{m} N_i \ln \frac{\bar{I}}{\bar{I}^i} + \sum_{i=1}^{m} \frac{N_i}{N} \frac{1}{N_i} \sum_{k \in N_i} \ln \frac{\bar{I}^i}{I_k} \qquad\qquad (a)$$

将上述分解结果记为（a）式。

如果将 m 个区域（组）分别视为一个整体来考虑，并用该组的人均收入 $\bar{I}^i$ 代表该组的收入水平，那么（a）式中的 $\frac{1}{N} \sum_{i=1}^{m} N_i \ln \frac{\bar{I}}{\bar{I}^i}$ 表示该地区 m 个子区域（组）之间的收入差距水平，记为 T_A。

（a）式中，$\frac{1}{N_i} \sum_{k \in N_i} \ln \frac{\bar{I}^i}{I_k}$ 反映了第 i 组组内的收入差距，记为 $T_i(I^i)$。

---

① 陈宗胜，周云波. 再论改革与发展中的收入分配 [M]. 经济科学出版社，2002 年，第 19～20 页；Anthony Shorrocks，万广华.收入差距的地区分解 [J]. 世界经济文汇，2005（3）：3.

则 $\sum\limits_{i=1}^{m} \frac{N_i}{N} \frac{1}{N_i} \sum\limits_{k \in N_i} \ln \frac{\overline{I^i}}{I_k} = \sum\limits_{i=1}^{m} n_i T_i(I^i)$ 。将 $\sum\limits_{i=1}^{m} n_i T_i(I^i)$ 记为 T_B ，它是该地区的 m

个子区域（组）内部收入差距水平的加权平均，反映了该地区的区域内收入差距水平。

综上可得，　$T(I) = T_A + T_B$　　　　　　　　　　　　　（b）

将此等式记为（b）式。（b）式说明：

一个地区的总体收入差距可以分解为区域间收入差距与区域内收入差距之和。

（二）区域划分与数据来源

为较好地从区域角度反映台湾的收入差距水平，本书参考台湾当局的习惯性划分方法（如台湾行政主管部门关于北、中、南、东部服务中心的服务辖区规定，台湾"行政院经建会"《都市及区域发展统计汇编》关于北、中、南、东部区域的划分），将台湾省分为北部、中部、南部以及东部等四个地理位置完备而不重合的子区域，各子区域所包括的县市如下表所示：

表 2.6　台湾省各县市的区域划分

北部区域	基隆市、台北市、台北县、桃园县、新竹市、新竹县、宜兰县
中部区域	苗栗县、台中市、台中县、彰化县、南投县、云林县
南部区域	嘉义市、嘉义县、台南市、台南县、高雄市、高雄县、屏东县
东部区域	花莲县、台东县

注：①新竹市和嘉义市于 1982 年分别由新竹县辖市和嘉义县辖市改为台湾省辖市；②台北县、台中县、台南县仍按 2010 年底台湾县市合并改制之前单独列出。

通过上述方法，本书实际上按地理位置对台湾地区进行了两个层次的划分，即首先是将台湾地区分为四个子区域，然后将相关县市分别划归这四个子区域，即"台湾——四个子区域——所辖县市"。相应地，本书的研究对象也具有层次关系，即台湾的总体收入差距水平 $T_{台}(I)$、四个子区域之间的收入差距水平 $T_{台A}$ 以及各子区域内所辖县市的收入差距水平 $T_{台B}$。根据（b）式，有 $T_{台}(I) = T_{台A} + T_{台B}$。

为计算 $T_台(I)$、$T_{台A}$ 和 $T_{台B}$ 的值，本书主要采用的数据包括台湾地区的总人口、各县市人口、各县市人均收入水平，这些数据是根据台湾"行政院主计处"《个人所得分配调查报告》（1981～1993 年）和《家庭收支调查报告》（1994～2010 年）计算而得。

（三）分解结果

根据（a）式，可以计算出 1981～2010 年间台湾的总体收入差距水平 $T_台(I)$ 及其分解而来的区域间收入差距水平 $T_{台A}$ 和区域内收入差距水平 $T_{台B}$，如图 2.5 所示。

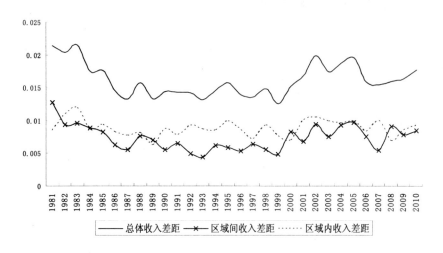

图 2.5　台湾的收入差距水平

1. 台湾的总体收入差距 $T_台(1)$。从图 2.5 可以看到，1981～2010 年间台湾的总体收入差距呈 U 型，并可以分为"下降——平稳——上升"的三个阶段：第一个阶段是 1981～1987 年的下降阶段。此阶段的经济背景是，台湾经历了世界性经济危机的冲击，为摆脱危机冲击，台湾重点发展策略性工业，积极实施高级出口扩展战略，使台湾经济保持了较快的增长，并实现了向后工业社会的转变。[①]与此相应，台湾的总体收入

---

① 李非. 台湾经济发展通论 [M]. 北京：九州出版社，2004 年，第 2 页.

差距呈缩小趋势，其泰尔指数由 1981 年的 0.0219 下降到 1987 年的
0.0130。第二个阶段是 1988～1999 年的稳定阶段。在此阶段，台湾大力
发展资本与技术密集型产业，并向服务型经济过渡。此阶段台湾的总体
收入差距保持相对平稳的水平，其泰尔指数的年均水平为 0.0139。第三
阶段是 2000～2010 年的上升阶段。经历了政党轮替的台湾，面临恶劣的
岛内政治环境以及低迷的国际经济形势。特别是民进党执政时期对两岸
经济合作的打压以及国际金融危机对台湾的冲击，使台湾经济身处困境。
相应地，台湾的总体收入差距呈扩大趋势，其泰尔指数由 2000 年的
0.0150 上升到 2010 年的 0.0173，尤其是在 2005 年，泰尔指数甚至达到
0.0190 的高位水平。

2. 台湾的区域间收入差距 $T_{台A}$。在分析台湾的区域之间收入差距之
前，我们先观察台湾各区域的人均收入水平（图 2.6）。从总体来看，台

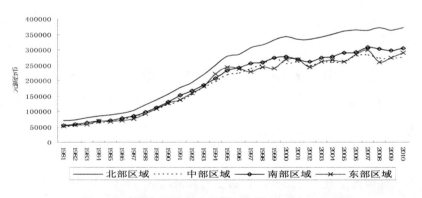

图 2.6 台湾各区域的人均收入水平（1981～2010 年）

湾北部区域的人均收入水平明显高于中、南、东等三个区域的人均收入
水平。在 20 世纪 90 年代末以前，各区域的人均收入水平上升较快（曲
线斜率总体上逐渐增加），台湾中、南、东三个区域的人均收入水平相差
不大，台湾北部区域与其他三个区域的人均收入水平的差距也在一个较
小的范围内。在 90 年代末，各区域的人均收入水平增速明显放缓（曲线
斜率总体为正，但趋于减小），北部区域与其他三个区域的人均收入水平

逐渐拉开，而且其他三个区域之间的人均收入水平的差距也有所扩大。各区域之间人均收入水平的变动，为我们理解各区域之间收入差距情况提供了直观的证据，不过需要指出的是，这两者并不完全等同，因为根据前文的公式，计算区域间收入差距时还必须考虑人口的权重。我们再根据图 2.5 分析各区域之间的收入差距。图 2.5 清楚地表明，台湾的区域之间收入差距曲线与总体收入差距曲线的形状十分相似。从数学角度看，由于 $T_{台B}$ 相对稳定（即近似于常数），而 $T_{台}(I)$ 等于 $T_{台A}$ 与 $T_{台B}$ 之和，所以反映在图形上就是 $T_{台}(I)$ 接近于 $T_{台A}$ 的位移。相应地，$T_{台A}$ 与 $T_{台}(I)$ 一样，表现出较为明显的 U 型特征，我们同样可以将 $T_{台A}$ 分成"下降——平稳——上升"的三个阶段。进一步观察 $T_{台A}$ 的上升阶段，我们可以发现曲线在 2007 年处于极小值，即 $T_{台A}$ 在 2007 年突然下降，也就是说 2007 年台湾的区域之间收入差距急剧缩小。造成这一异常现象的原因是原本收入水平最高的台湾北部区域在 2007 年的人均收入有所下降，从而拉近了其与另外三个区域之间的差距。可见，这种差距的缩小是在北部区域收入下降（说明该地区的利益受损）的情况下实现的，因而不属于帕累托改进。类似地，通过分析 $T_{台A}$ 曲线的所有极小值点，我们发现 2001 年和 2009 年台湾区域间收入差距的缩小，皆以北部区域的人均收入下降为代价，因而均非帕累托改进。

3. 台湾的区域内收入差距 $T_{台B}$。从图 2.5 来看，1981～2010 年间台湾的区域内部收入差距并没有明显的大幅起落。除 1983～1989 年间有缓慢的下降趋势外，其他年间基本上处于相对平稳的小幅波动状态。就数据而言，近 30 年台湾的区域内收入差距的泰尔指数平均值为 0.0085，差距水平最大的是 1983 年，泰尔指数值为 0.0113；差距水平最小的是 1989 年，泰尔指数值为 0.0062。上述反映的是台湾加权平均的区域内收入差距水平，如果结合图 2.7 进一步分析台湾的各子区域可以发现：（1）台湾北部区域内部的收入差距有较为明显的波动。1981～1983 年呈上升态势，在 1983 年达到峰值后逐渐下降，并于 1989 年降到最低，1990～2000

年间处于小幅波动状态，而从 2001 年起收入差距又呈扩大趋势，这样看来，台湾北部区域的内部收入差距的变动趋势与台湾总体收入差距较为相似。（2）台湾中部区域和南部区域内部的收入差距并无明显的大幅波动。不过值得注意的是 1983~1987 年间，中部区域的内部收入差距有所扩大，主要原因是在 20 世纪 80 年代台湾经济转型发展时期，中部的台中市人均收入水平提高较快，而彰化、南投、云林等农业地区的人均收入水平提高较慢。（3）东部区域的内部收入差距水平从 1981 年开始经历了反复震荡式上升，主要原因在于台东县的人均收入增长逐渐落后于花莲县。该区域收入差距在 1997 年达到最高值，此后有所下降，在 2002 年达到最低点后呈小幅波动状态。

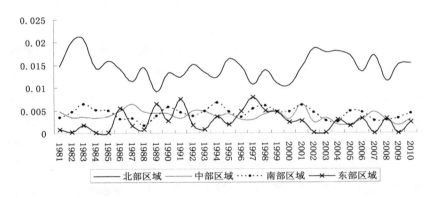

图 2.7　台湾各子区域内部收入差距水平

三、台湾区域间收入差距的因素贡献（2000~2010 年）

库兹涅茨曾提出著名的倒 U 型假说，即一个国家或地区在经济发展的初期，会经历收入差距扩大的阶段，此后收入差距无太多明显变化，到经济充分发展以后，收入差距将会缩小。但是本节研究表明，反映台湾总体收入差距和区域间收入差距的曲线均非倒 U 型，而是呈 U 型，也就是说收入差距先经历了一个缩小的过程，然后保持平稳，再逐渐上升。[①]台

_____

① 库兹涅茨的倒 U 型假说主要是基于很多国家的经验总结，并非绝对的概念。类似的不符合倒 U 型假说的结论在其他部分国家和地区也有出现。

湾在经济发展初期为何收入差距会有所缩小,已有很多学者做出了研究,认为鼓励中小企业发展、健全社会保障制度等是其重要原因。[①]本部分试图进一步探讨在台湾经济充分发展以后(2000 至 2010 年,也就是 U 型曲线的上升阶段),区域间收入差距为什么会进一步扩大,即分析构成台湾区域间收入差距的主要因素及其贡献。

(一)Shapley 值法的引入

考察相关因素对收入差距的贡献水平,也就是将收入差距分解成各个因素的贡献。为此,需要构建相应的函数。我们可以分两步构建这一函数:第一步,构建人均收入函数。假定解释变量 X_1、X_2、……、X_n 是决定人均收入水平的因素,则人均收入函数可写为 $Y = f(X_1, X_2, ……, X_n)$。根据相关数据,可以估计出人均收入函数中各参数的值。第二步,构造泰尔指数与上述因素变量的复合函数。从泰尔指数的定义可知,泰尔指数是收入的函数,而在定义区域间收入差距时,用区域的人均收入代表该区域的收入水平,因此,测量区域间收入差距的泰尔指数也是人均收入的函数,即 $T = g(Y)$。由于 $Y = f(X_1, X_2, ……, X_n)$,从而泰尔指数也是 X_1、X_2、……、X_n 的复合函数,即

$$T = g[f(X_1, X_2, ……, X_n)] \tag{c}$$

如何分解出 X_1、X_2、……、X_n 对 T 的贡献水平呢?基于稳定分配理论的 Shapley 值法为我们提供了解决路径。[②]其基本思路是:先将所有因素变量的真实值代入(c)式,求得真实 T 值的拟合值,再将某一因素变量 X_i 的平均值 $\overline{X_i}$ 替代 X_i,随同其他因素变量一起带入(c)式,求得相应的 T 值,此时 T 值已经不包含 X_i 的影响,则该 T 值与真实 T 值拟合值的差值为 X_i 对 T 的期望贡献值,如果所有变量都分别进行均值代入,则可以得到所有变量的期望贡献值。随后,依次用两个因素变量的均值

---

① 曹小衡,葛立祥.台湾经济快速增长时期(快速工业化时期)的收入分配研究 [J]. 台湾研究集刊,2008(3):51.

② 关于 Shapley 值法的技术细节,参见 Vincent Conitzer , Tuomas Sandholm: Computing Shapley Values, Manipulating Value Division Schemes, and Checking Core Membership in Multi-Issue Domains, http://citeseerx.ist.psu.edu/viewdoc/; Wan and Zhou, Income Inequality in Rural China: Regression-based Decomposition Using Household Data, Review of Development Economics, 2005。Shapley 也因在稳定分配理论方面的贡献而获得 2012 年诺贝尔经济学奖。

代替，代入（c）式，计算相应的期望贡献值，直至将所有因素变量的均值代入。根据 Shapley 的证明，将通过上述方法计算出的每个变量所对应的所有期望贡献值进行平均，则得到该变量对收入差距的最终贡献水平。[①]如果某解释变量所对应的期望贡献值为正，则表明该解释变量促进了收入差距的扩大；如果期望贡献值为负，则表明该解释变量对收入差距的扩大有抑制作用。

（二）台湾各区域人均收入函数的实证分析

本书所要建立的人均收入函数是面板数据模型，其因变量用人均收入（I，单位：元新台币）表示，它等于各区域总收入与总人数的比值。模型解释变量参考人力资本理论及相关研究，选取教育水平、耕地面积、工商业水平和城镇化水平。（1）教育水平（EDU，单位：年），用各区域就业人员的平均教育年限表示，它反映了人力资本对收入的影响。台湾"行政院主计处"统计资讯网将台湾各地就业者按"国中及以下"、"高中（职）"、"大专及以上"三个学历层次进行了划分。本书根据台湾的教育制度，将上述三个学历层次分别按 9 年、12 年和 16 年折算成教育年限。[②]（2）耕地状况（LAND，单位：公顷），用各区域的人均耕地面积表示，它是实际作为农耕使用的土地面积（包括短期休闲或休耕土地）。该解释变量反映了土地作为生产要素对收入的贡献。（3）工商业发展（IC，单位：千元新台币），用各区域的营利事业人均销售额表示。它反映了该地区的工业和商业的发展对提高居民收入的贡献。（4）城镇化进程（URBAN），以各区域的城镇化率表示，它等于都市计划区现况人口占该区域总人口的比重。该指标反映了居民在城镇化进程中的获益状况。数据来源方面，各县市的人均收入已在前文算出，进而可以加权求出各区域的人均收入。教育水平、耕地状况、工商业发展和城镇化进程均根据台湾行政主管部门统计资讯网"县市统计数据"计算而得。

人均收入函数一般采用半对数模型，因此本书所建立的区域人均收

---

① 万广华，张藕香.贫困按要素分解：方法与例证 [J]. 经济学（季刊），2008（4）：998～1001.
② 由于台湾"行政院主计处"统计资讯网未完整提供历年各县市就业者在各学历层次的精确教育年限，本书只能按学制进行估算。

入函数形式如下：

$$\ln I_{it} = f\left(EDU_{it}, LAND_{it}, IC_{it}, URBAN_{it}\right)$$

F 检验结果显示，该人均收入函数应建立混合回归模型。模型拟合结果如下：

表2.7　区域人均收入函数回归结果

解释变量	系数值	标准误差	t 统计值	P 值
EDU	0.0588	0.1946	3.5905	0.0009
LAND	0.8739	0.1515	5.7686	0.0000
IC	0.0110	0.0017	6.4972	0.0000
URBAN	0.4888	0.1157	4.2245	0.0001
常数项	2.1476	0.1946	11.0386	0.0000

相应地，区域人均收入函数的表达式可写成如下形式：

$$\ln I_{it} = 2.1476 + 0.0588EDU_{it} + 0.8739LAND_{it} + 0.0110IC_{it} + 0.4888URBAN_{it} + e_{it} \tag{d}$$

（ $R^2 = 0.9469$ ， SSR=0.0436）

将上式记为（d）式。

（三）区域间收入差距的因素贡献解析

由于台湾区域间收入差距 $T_{台A} = \dfrac{1}{N}\sum\limits_{i=1}^{m} N_i \ln\dfrac{\bar{I}}{I^i}$ ，因此在得到区域人均收入函数表达式后，我们可以运用 Shapley 值法，计算出各因素对台湾区域间收入差距的贡献水平，结果如图2.8所示。

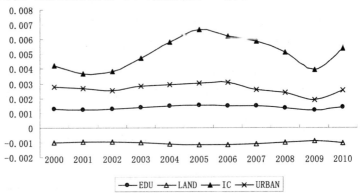

图2.8　各因素对台湾区域间收入差距的贡献水平（2000～2010年）

　　从图中可以看到，耕地状况（LAND）的贡献水平为负。耕地是从事农业生产和获取农业收入的主要生产资料。从台湾的耕地分布来看，2000年以来，台湾东部区域的人均耕地面积最多，中部和南部依次之，北部最少，因而东部地区依靠耕地资源获得了相对较高的农业收入。从表面上看，人均耕地多的区域，其人均收入较少，似乎人均耕地面积阻碍了人均收入的提高，但（d）式的回归结果表明，无论是在台湾哪个区域，人均耕地面积与人均收入存在正向关系。Shapley值法的分解结果更清楚地说明：2000年至2010年间，台湾的耕地分布状况对缩小区域间收入差距具有正面的作用，或者说对区域间收入差距的扩大有抑制作用。

　　与耕地状况这一解释变量相反，教育水平、工商业发展和城镇化进程的贡献水平为正，说明这三个解释变量是促成台湾区域间收入差距扩大的因素。

　　工商业发展（IC）对区域间收入差距扩大的贡献最大。在台湾进入后工业化社会后，工商业已成为居民获得收入的主要途径。从实际数据来看，2000年至2010年间，台湾北部的工商业最为发达，其销售规模远远超出中、南、东部。特别是在北部工商业发展有明显提高的情况下，东部工商业发展几乎停滞不前。工商业发展水平的巨大差异，推动了各区域收入差距的扩大。此外，由于工商业营业收入易受经济环境因素影响，波动性较大，而工商业的营收状况会对当期的人均收入产生即期的影响，因而其对收入差距的贡献也有较大的波动。

　　城镇化进程（URBAN）对区域间收入差距扩大的贡献次之。城镇化水平的提高，意味着城镇可以通过极化效应，集聚更多的生产要素服务当地经济发展，这不仅推动了当地居民收入的提高，而且吸引了周边人力资本的迁入，尤其是为周边农业人口提供了更多的非农就业机会，从而增加其非农就业收入。此外，城镇化的扩展效应可以辐射带动周边地区和农村地区的经济发展。（d）式验证了城镇化对提高人均收入的作用，但Shapley值法的分解结果表明城镇化水平的提高进一步拉开了台湾的区域差距，其主要原因是台湾各个区域的基础设施、经济条件和资源禀赋原本就有所不同，发达地区的增长极（例如北部区域的台北市）在推进城镇化的进程中能充分发挥自身优势，比落后区域能更快地带动本区域内居民收入水平的提高。此外，这些发达区域城镇的极化效应会促使其他区域的资源向发达地区流动，削弱了落后区域的城镇的极化效应，这都在一定程度上使区域间的收入差距扩大。

教育水平（EDU）对区域间收入差距扩大的贡献居第三位。教育为劳动者提供了从事生产和获得收入所必需的知识。虽然 2000 年至 2010 年间台湾各个区域的教育水平都有所提高，但是由于北部拥有更为雄厚的教育资源和经济条件，北部与中、南、东部区域的教育水平差距并未缩小，北部仍然具有更多的人力资本优势，所以教育水平的不均衡发展反而推动了区域间收入差距的扩大。一般来说，教育制度不会轻易变动，教育水平的提升是个渐进的过程，而且劳动者知识的发挥需要逐步积累，所以教育水平对扩大区域间收入差距的贡献应该是长期的、相对稳定的，Shapley 值法的分解结果证明了这点，反映在图 2.8 中就是 EDU 的贡献曲线接近于平行的直线。

四、分解的结论

（一）基本结论

缩小收入差距，实现区域间的均衡发展，是台湾跨越"中等收入陷阱"的必然要求。本书通过对 1981～2010 年间台湾的收入差距进行区域分解，验证了台湾的区域间收入差距呈现明显的 U 型特征，即区域间收入差距经历了"下降——平稳——上升"的三个阶段。区域人均收入函数模型的回归结果表明，耕地状况、工商业发展、城镇化进程和教育水平等因素与区域人均收入存在正向的线性关系，即这些要素的改善与发展能促进各区域人均收入的提高。而进一步运用 Shapley 值法进行分解，发现在处于 U 型上升阶段的 2000～2010 年间，上述因素对区域间收入差距扩大的贡献有所不同。其中，耕地状况对区域间收入差距的扩大起到了一定的抑制作用，而工商业发展、城镇化进程和教育水平则推动了区域间收入差距的扩大，其原因是虽然各区域的上述三个因素都有所发展，使得相对落后地区的收入水平有所提高，但由于此三个因素在各区域发展极不平衡（相对发达地区获得更快的发展），造成相对落后地区的收入未能拉开与发达地区的差距。

基于上述结论，为缩小区域间收入差距，台湾应重视并区别对待各因素对收入差距的贡献差异，采取措施扭转相关因素在相对落后地区发展滞后的局面。在耕地方面，应优化耕地布局，重点在台湾东部和中南部区域发展精致农业和休闲观光农业，并实现规模化耕作，提高农业生产效率，带动当地农民收入的提高。在工商业、城镇化和教育方面，注意北部区域与中、南、东部区域的均衡发展，并给予相对落后地区必要的政策扶持和倾斜；要把均衡发展工商业作为缩小区域间收入差距的重点，统筹规划，利用经济相对落后地区的土地成本与人力成本优势，推动形成若干工商业集聚区，使民众从工商业的快速发展中对收入提高"有感"；在经济相对落后地区加快城镇化进程，推动都市更新，形成新的增长极，辐射带动周边地区经济发展；推进中、南、东部区域的教育发展，将教育作为发展人力资本、提升民众收入的前瞻性和长远性途径。

（二）工商业的作用

分析结果表明，工商业发展的不平衡是台湾区域间收入差距扩大的主要原因。因此，必须推动台湾南部和东部工商业的发展，实现北、中、南、东部工商业的均衡发展，以缩小区域间的收入差距。但是，由于南部和东部地区在资金等要素禀赋上存在差距，且该区域的县市两级政府由于财力有限，难以给予足够的扶持，南部和东部地区的工商业发展不能仅仅依靠本地区的人力、财力和物力，而应跳脱台湾的区域局限，积极寻求外部资源。一方面要积极开拓外部市场，推动本地区工业品的出口。另一方面要积极引进境外资金前来投资，兴办工业和商业，带动本地区的工商业发展。可以说，进一步加强与改善同外部的经济联系，是推动台湾南部和东部工商业发展的必然之举，也是缩小台湾区域间收入差距的重要途径。

第三章 国际金融危机冲击下的台湾经济

由美国次贷危机引发的国际金融危机，对台湾的经济产生了较大冲击。出口下降及内需不足等造成 GDP 大幅下滑，股市暴跌、失业率攀升等打击了民众的信心。为缓解金融危机带来的严重影响，台湾当局出台了一系列应对措施，取得了一定的效果。此次金融危机对台湾造成的冲击，是台湾经济发展路径依赖风险的集中表现。

第一节 国际金融危机前台湾经济的特征[①]

一、经济的边缘化

经济全球化和区域经济一体化是当前世界经济发展的两大潮流。越来越多的国家和地区突破地域的界限，加入国际性的经济组织，或者签订自由贸易协议，不断深化彼此间的交流与合作，优化资源配置，以便在世界经济中占据一席之地。尤其是近年来，东亚地区的经济一体化进程不断加快，1992 年东盟提出建立东盟自由贸易区的目标，1997 年东盟"10+3"合作机制建立，2002 年中国和东盟同意于 2010 年建成中国—东盟自由贸易区，2003 年中国内地先后与港澳签署 CEPA 协议。东亚经济一体化进程的推进，为各成员的经济发展带来新的空间，并实现彼此间的互惠共赢。不过，作为亚洲"四小龙"之一的中国台湾，一直游离在东亚的经济整合过程之外。中国是东亚目前规模最大、发展最为迅速的经济体，台湾本可以通过发展与大陆的经济关系来融入东亚经济一体化进程，并成为世界经济舞台的重要一员，但是在民进党 2000 年至 2008

---

① 曹小衡，汪立峰. 后金融危机时期两岸经济走向及合作研究 [J]. 台湾研究，2010（2）：17～18.

年的八年执政时期内完全反其道而行之，导致台湾经济的日渐边缘化。台湾只是通过传统的贸易与投资方式参与世界经济体系和区域经济合作，而没有与周边经济体签署更为紧密的自由贸易协定，即使是在台湾有所参与的 WTO 等全球性组织和 APEC 等区域性组织中，台湾也缺少发言权，处于边缘化状态。

二、内需的持续疲软

台湾是典型的外向型经济。1960 年台湾的出口依存度仅为 9.54%，到了 1984 年便达到 50.36%，此后出口依存度保持相对平稳的增长水平，到此次金融危机全面爆发之前的 2007 年，已达到 64.36%。[①]与出口对经济增长的重要作用相比，内需疲软是台湾经济一直面临的难题，这主要源于两个方面的原因：一是台湾本身地域狭小，人口数量有限且增长缓慢。这些自然条件制约了消费和投资的规模；二是近年来岛内经济不景气，影响了消费者和投资者的信心，使得民间的消费和投资增长缓慢。不仅如此，在民进党执政时期内，台湾当局陷入政治恶斗，在经济建设上未能拿出行之有效的方案来刺激需求、扩大支出和增加投资。出口与内需对台湾经济推动作用的反差可以通过它们对经济增长的贡献度来说明。2003～2007 年间，台湾经济增长的年平均水平为 4.86%，净出口（出口减去进口）对经济增长的平均贡献度高达 2.15%，而民间消费、政府消费、投资对经济增长的平均贡献度分别为 1.25%、0.06%和 1.14%，远远低于净出口的贡献度（见表 3.1）。

表 3.1 消费、投资、进出口对台湾经济增长的贡献度

时间	对经济增长的贡献度（%）					
	经济增长率=	民间消费	+政府消费	+投资	+出口	−进口
2003 年	3.50	0.90	0.08	0.72	5.52	3.73
2004 年	6.15	2.66	−0.07	4.49	8.17	9.10
2005 年	4.16	1.76	0.14	−0.36	4.66	2.03
2006 年	4.80	1.02	−0.05	0.37	6.48	3.02
2007 年	5.70	1.31	0.11	0.49	5.86	2.05

资料来源：根据台湾"经济部统计处"《经济统计指标》（2009 年 5 月 20 日发布）整理。

---

① 台湾"经济部统计处"。台湾经济统计年报，2008 年.

三、电子信息业的一枝独秀

电子信息产业（包括电子零组件业、电脑电子产品及光学制品业、电力设备业）一直是台湾产业发展的重点。1982 年，电子信息业被列为策略性工业，1988 年，台湾将以电子信息产业为代表的高技术产业作为工业升级的主导产业。由于当局的政策扶持，电子信息产业成为台湾的优势产业，甚至在全球范围内都具有相当的竞争力。到 2008 年，台湾电子信息产业总产值达新台币 41866 亿元，占工业总产值的 31.94%。[①] 除了电子信息产业，台湾无法找出其他具有相当规模和竞争力的新兴产业。虽然当局曾将生物医药等产业也列为优先发展的对象，但由于台湾在这些产业上缺少比较优势，加上政府未能有效扶持，致使这些产业未能发展壮大。例如生物科技产业总产值在 2007 年为新台币 1309 亿元[②]，绿色能源产业总产值在 2008 年只有新台币 1603 亿元[③]，均远远低于电子信息产业的水平。

第二节　国际金融危机的冲击

一、国际金融危机对台湾经济的影响

2007 年美国次贷危机发生后，并没有立即对台湾经济产生严重影响，但随着 2008 年次贷危机愈演愈烈，演变成金融风暴后对台湾经济造成一定程度的冲击。在虚拟经济层面，岛内银行、证券、保险等金融机构因投资美国的次贷相关产品而遭受损失，再者，全球股市大跌波及台湾股市，致使岛内上市企业市值大幅缩水，给投资人带来损失；在实体经济层面，欧美等国发生金融危机后，经济衰退，对外需求减少，使得高度依赖外贸的台湾面临出口危机，迫使岛内企业减产停产，缩减投资计划，并通过裁员或者降薪来降低成本，引发了失业潮，导致民众收入

---

① 台湾"经济部统计处".工业生产年报提要分析，2008 年.
② 台湾"行政院".生技起飞钻石行动方案，2009 年 3 月 26 日.
③ 台湾"行政院".绿色能源产业旭升方案，2009 年 4 月 23 日.

下降，民间消费陷入低迷，从而对台湾的经济产生影响。

就总体而言，此次金融危机对台湾经济的影响是比较大的，这主要通过经济增长率指标反映出来。2008 年台湾 GDP 为新台币 12.3 万亿元，实际年增长率从 2007 年的 5.7%跌至 2008 年的 0.1%。与台湾历史数据相比，这一增长速度创下了 6 年来新低，也远远低于亚洲金融风暴期间台湾平均 5.57%的增长水平（1997～1998 年）。在世界主要经济体中，2008 年台湾经济的增速也是相对较低的：与亚洲其他地区相比，中国台湾地区虽然高于日本（-0.7%）的增长水平，但在亚洲"四小龙"中居于末座（中国香港为 2.4%，韩国为 2.2%，新加坡为 1.1%）；与欧美相比，增速高于意大利（-1.0%），但低于美国（0.4%）、法国（0.4%）、英国（0.7%）、德国（1.3%）。如果进一步考虑 2007 年至 2008 年经济增长率的跌幅，那么中国台湾地区在上述经济体中仅次于新加坡（6.7 个百分点），居第二位，达 5.6 个百分点，显示金融危机对台湾经济的影响较大。

不过具体而言，金融危机对台湾经济各个方面的影响程度不同。GDP由净出口、投资、消费等构成，也与金融市场等密切相关。金融危机对台湾经济影响最深的是股市下挫、出口萎缩、内需不振和失业率攀升，而其他方面则未见较为严重的影响。

（一）股市大幅下挫，金融业遭受不同程度的损失

股市方面，在 2008 年初，受大选后两岸关系趋向好转以及市场看涨马英九就职后台湾经济前景等因素的刺激，台湾股市有所上涨，股价指数由 1 月份的 7923 点上涨到 5 月 19 日 9295 点的最高点。此后，由于国际金融市场持续动荡不安，世界主要国家股市纷纷暴跌，外资大量卖出台股，加上市场因台湾经济不景气而对股市持观望的态度，台股大幅下挫，到 2008 年底股价指数曾一度跌至 4496 点，跌幅超过 50%。股市成交量也不断萎缩，由年初的新台币 3 万多亿元降到年末的 1 万亿元左右，总市值由 2008 年 4 月份的 22.65 亿元降至年底的 11.71 万亿元，缩水将近一半，给投资人带来惨重的损失。进入 2009 年以后，由于全球经济出现复苏迹象，加上台湾当局推行了一系列救市政策，台湾的股市开始回暖，至 9 月 14 日已反弹至 7256 点。①

---

① 台湾证券交易所网站 http://wwwc.twse.com.tw.

金融业方面，根据台湾金融主管部门的统计，岛内银行投资雷曼兄弟的债券、结构债或授信约有 162 亿元，保险公司则有 185 亿元，券商则是 0.34 亿元；不过，由于台湾银行业、证券业和保险业的基本面以及盈利途径有所不同，因此它们受金融危机影响的程度并不相同。（1）银行业方面，由于台湾的金融政策相对保守，金融创新程度不高，银行持有的金融衍生产品相对于银行资产来说只是很少的一部分，所以台湾的银行体系因开放程度较低而受到的影响较小。2008 年台湾银行业的税前盈利达新台币 444 亿元，比 2007 年增加 56 亿元；2009 年截至 6 月份，台湾银行业实现税前盈利 401 亿元。[①]（2）证券业方面，由于股市成交量萎缩，约占券商总营收 6 至 7 成的证券经纪手续费收入呈现衰退，且悲观的市场氛围也大幅削弱了券商在承销与自营交易业务方面的动能，这些因素造成 2008 年台湾的券商亏损了新台币 43 亿元。[②]（3）保险业方面，由于台湾金融机构采取低利率政策救市，压缩了寿险业中短期资产投资报酬，使得长期以来的负利差压力加剧，寿险业经营困难。2008 年台湾寿险业保费总额为新台币 191188 亿元，同比增长仅 2.33%，大大低于 2001~2007 年的平均增长率（17.12%）。[③]

（二）出口衰退严重，民间投资持续不振

台湾属于典型的高度依赖出口的外向型经济。出口衰退是此次金融危机对台湾的实体经济产生影响的切入点，也是造成 2008 年台湾经济增长速度大幅放缓的关键因素。2008 年，出口对台湾经济增长的贡献度[④]为 -0.02%，表明出口拖累了经济的增长。相比之下，2007 年出口贡献度达 5.86%。金融危机爆发以来，台湾的出口经历了两个拐点。第一个拐点出现在 2008 年 9 月，台湾的出口额从 1~8 月份的稳定增长开始转为逐月衰退。不仅如此，从 9 月份开始各月的出口额比 2007 年同期都下滑不少。据统计，出口额从 8 月份的 252.1 亿美元降至 9 月份的 218.5 亿美元，比 2007 年 9 月份减少 1.6%；到 12 月份更跌至 136.3 亿美元，比 2007 年同期减少 41.9%。第二个拐点出现在 2009 年 2 月，受世界主

---

① 台湾"金融监督管理委员会银行局"统计资料 http://www.banking.gov.tw/ch/.
② 台湾"金融监督管理委员会证券期货局"统计资料 http://www.sfb.gov.tw/ch/home.jsp?id=112&parentpath=0,4,109.
③ 台湾"人寿保险商业同业公会"网站 http://www.liaroc.org.tw.
④ 出口对经济增长的贡献度=出口增加值/GDP 增加值。

要国家经济复苏计划的推动，以及来自大陆的订单的刺激，台湾的出口形势开始好转，出口额从 1 月份的 123.7 亿美元增至 7 月份的 172.7 亿美元，但与 2008 年 8 月份的出口水平相比，仍有相当大的差距。从产品结构上看，出口额衰退较大的产品主要是电子机电产品、木材制品合板、成衣等。从出口地区看，从 2008 年下半年起，台湾地区对其前四大贸易伙伴（中国大陆、日本、东盟和美国）的出口额均出现了下滑。[①]

在出口萎缩的形势下，岛内企业对市场前景较为悲观，纷纷调整投资计划，缩小投资规模，或者搁置投资方案。就 2008 年全年来看，民间投资的下滑趋势十分明显。在第一季度，民间投资尚能维持 3.92% 的增长率，高于 2007 年全年 3.25% 的增长水平，但在第二季度，民间投资增长率猛跌至 -9.92% 的水平，这就意味着岛内民间投资额开始下降。在第三季度和第四季度，民间投资增长率继续下降。到 2009 年，岛内投资未见好转，投资增长率维持负增长态势，到 2009 年第二季度，达到 -33.35% 的低位，预计全年将负增长 27.43%。[②]民间投资反映了企业对未来的预期，持续的民间投资下降则表明金融危机打击了岛内企业家的信心。

（三）就业形势不容乐观，民间消费持续低迷

金融危机对台湾就业的影响表现在两个方面，其一是失业率持续攀升。出口减少导致岛内很多企业开工不足或面临财务危机，被迫实行裁员计划，从而导致很多员工因为工作场所歇业或业务紧缩而失去工作。2008 年，台湾劳动力市场新登记求供倍数（即新登记求才人数/新登记求职人数）只有 0.87，远低于 2007 年 1.29 的水平，显示新招聘岗位空缺现象严重。受此影响，2008 年台湾失业人口为 45 万人，失业率达 4.14%，比 2007 年高出 0.23 个百分点，并在亚洲"四小龙"中居首（韩国为 3.2%，新加坡为 2.2%，中国香港为 3.6%）。更为严峻的是，失业率呈逐月攀升之势，从 4 月份的 3.81% 上升到 12 月份的 5.03%。到 2009 年，失业率并没有出现缓解迹象，到 7 月份，受大中专毕业生开始进入职场的影响，失业率飙至 6.07%，远远高于 1978 年台湾开始进行失业率调查以来的 2.61% 的平均失业率水平，也创下了 30 年来台湾单月失

---

① 数据来源：台湾"经济部统计处"。
② 数据来源：台湾"经济部统计处"。

业率最高记录（此前记录为 2002 年 8 月的 5.35%）。其二是受雇员工实质薪资连续下降。受出口衰退的影响，岛内很多企业采取降薪或者冻涨工资的措施，使得岛内居民实际收入缩水。以制造业为例，2008 年全行业受雇员工月平均薪资为新台币 43105 元，比 2007 年下降 0.15%，若加上通货膨胀因素，则实际下降 3.55%。到 2009 年，薪资仍继续下降，6 月份薪资比去年同期下降 10.02%。薪资持续下降，影响了劳动者收入水平的提高。在荷包缩水的困境下，岛内居民不得不减少消费支出，使原本低迷的经济雪上加霜。2008 年，岛内民间消费比 2007 年下降 0.29%。但在 2009 年，随着世界经济形势的好转，岛内民间消费有回暖迹象，第二季度民间消费实际年增率达 0.36%，扭转了连续三个季度负增长的态势。①

从以上分析可以看出，金融危机对台湾的经济产生了较大的影响，使台湾经济面临着一定的困难。但必须指出的是，此次金融危机并没有危及台湾经济的根基。台湾拥有较为发达的市场体系、高素质和丰富管理经验的人才、实力雄厚的电子信息产业和第三产业，以及经济长期迅速发展所积累的居民财富，这些优势并没有因为此次金融危机的到来而丧失，反而维系了当前台湾经济的生命力，并为台湾应对金融危机提供了一定的有利条件。

二、台湾应对金融危机的措施

在金融危机蔓延全球之际，无论是欧美发达国家，还是以"金砖四国"为代表的新兴经济体，均采取各种积极措施，力图缓解金融危机带来的冲击，其中，加强金融监管成为重中之重，此外，还包括救市、刺激消费、促进就业等等。受到金融危机影响的台湾，自然也加入了全球应对金融危机的行列。例如，2008 年 9 月台湾行政主管部门颁布《因应景气振兴经济方案》，2008 年 12 月台湾当局通过《振兴经济消费券发放特别条例》，2009 年 2 月行政主管部门公布《振兴经济扩大公共建设投资计划》，等等。此外，为解决失业问题，行政主管部门还发布了《2008-2009 年促进就业方案》和《2009-2012 年促进就业方案》。不过由于台湾金融政策原本相对保守，银行业受到的影响不大，因此，台湾

---

① 资料来源：台湾《就业市场情势月报》2009 年第 8 期。

的应对措施重点不是金融监管，而在于稳定金融市场、扩大出口、提振内需以及促进就业等方面。

（一）稳定金融市场

由于金融危机造成台湾股市重挫，当局将救市列为稳定金融市场的首要目标，这也是当局恢复民众信心的重要之举。这些措施包括：实施证券交易税减半措施，为期半年；开放大陆合格境内机构投资人（QDII）来台投资证券期货；鼓励公估机构自行评估逢低买进绩优股票；当局四大基金加强发挥稳定股市功能，对基本面良好的公司股票，逢低买进，以增强投资人信心。此外，当局还推出了提振股市五大措施：加强对外说明台湾经济基本面良好；鼓励公司董监事购买公司股票，鼓励绩优上市柜公司实施库藏股；鼓励投信公司募集岛内股票型基金；鼓励银行、证券及保险机构善用部分可用资金配置在优良、超跌股票；修正金控公司可实施库藏股的门槛，将资本适足比率从110%调降为105%。

除了救市之外，为解决企业信贷难题，防止企业倒闭，当局还积极介入信贷市场，保证企业经营所需的资金：为避免银行对营运正常但遭遇一时困难的企业紧缩银根，协调支应银行办理企业融资所需资金；扩大中小企业信用保证基金，保证成数及融资额度；加强推动"微型企业创业贷款与辅导"措施，协助中高龄民众及妇女设立微型企业。这些措施对于那些出口业务萎缩而又面临资金短缺问题的中小企业度过金融危机难关，起到了重要作用。

（二）扩大出口

由于金融危机使得台湾对其主要贸易伙伴的出口大幅下滑，并引致岛内的生产、内需、就业等出现连锁反应，因此中国台湾当局将扩大出口列为应对金融危机的重要目标。其主要思路是对出口企业给予资金信贷支持，并利用大陆经济的持续高速发展所带来的机遇，大力拓展大陆市场，同时开发印度、俄罗斯、巴西、中东和东盟等五大新兴市场。

2008年12月，台湾经济主管部门推出旨在提升出口能力、拓展出口市场的《新郑和计划》。该计划包括五大专案：（1）加强出口融资及输出保险优惠的"三保专案"。扩大贷放金额，提供优惠贷放利率，成立转融资准备基金，并对出口厂商的征信费、保险费给予优惠及全额支援理赔款；（2）强力拓展大陆市场的"逐陆专案"。通过市场调查与商情提供、市场行销、网路推广、品牌辅导及增设驻点等方法争取大陆内需市场商机，并加强台湾食品拓展市场的能力；（3）强力拓展新兴市场的"鲸贸计划"。提高对开发新兴市场的补助额度，扩大相关产业出口，培育海外业务精英，并筹组专业参展团、拓销团、展销会等；（4）扩大外商对台采购的"抢单专案"。举办全球采购伙伴大会，办理系列采购样品展，广邀新兴市场买主来台。（5）争取全球政府采购商机的"GPA 专案"。协助岛内厂商参与各国政府采购案并争取国际标案，邀请国际标案中标厂商来台采购及寻找合作伙伴。《新郑和计划》拟从 2008 年至 2012 年间共投入新台币 85.32 亿元，并争取实现 2009 年出口成长率为正以及每年接单新台币 5400 亿元的目标。

（三）提振内需

在出口严重衰退的情况下，加上民间消费和民间投资持续不振，当局不得不采取措施提振内需，主要是刺激消费，扩大公共投资，并以公共投资带动民间投资。此外，为配合刺激消费和扩大投资政策的实施，当局还推出了一系列的减税计划。

1. 刺激消费。影响最大的措施是发放消费券。2008 年 11 月，台湾时任行政主管部门负责人刘兆玄宣布，当局将向符合资格的台湾民众每人发放新台币 3600 元，限期用于购买货物、劳务或捐赠，总预算约需 829 亿元新台币。发放消费券不同于发放现金或者直接减税，它具有"强制消费"的作用，因此对刺激消费乃至促进经济增长的效果较为明显。据当局估算，以发放消费券刺激消费、拉动经济增长的举措，预计可将台湾 2009 年的经济增长率提升 0.64 个百分点。不过，发放消费券属于短期的、临时性举措，难以对台湾的经济产生长期的、根本性的影响。在发放消费券之外，当局还推出了其他刺激消费的措施，包括向贫困及弱势群体发放补助，鼓励民众购买节能环保产品，取消"国民旅游卡"异地隔夜限制以刺激旅游消费，等等。

2. 扩大投资。在公共投资方面，当局颁布了《振兴经济扩大公共建设投资计划》，包含了完善便捷交通网、建构安全及防灾环境、提升文化及生活环境品质、强化台湾竞争力方面的基础建设、改善离岛交通设施以及培育优质研发人力等六大目标。当局希望通过该计划的推动，不仅能保证经济稳健增长，并能打造一个便捷效率、安全防灾、均衡优质以及具有优势竞争力的台湾。该计划实施期限自 2009 年至 2012 年，共投资新台币 5000 亿元，预期使 GDP 平均每年提高 1.02%。在民间投资方面，除了鼓励民间资本参与"振兴经济扩大公共建设投资计划"外，还另外推出一系列的优惠措施，刺激民间投资，如实施短期（2008 年 7 月至 2009 年底）新增投资五年免税奖励计划，扩增"奖励观光产业升级贷款"融资额度并延长贷款期限，推动 4 年 4 万亿元民间重大投资案的落实执行，鼓励保险业参与"爱台 12 建设"等重大建设，合理释出"公有"土地，扩大国际招商。

3. 推动赋税改革。主要是通过减税的途径，减轻居民和企业的负担，增加其实际收入，从而配合刺激消费、扩大投资方案的实施。减税计划包括对中低收入劳动家庭实施退税补贴"468 方案"，即一对夫妇加两个小孩四口之家年工作收入如果是在现行税制 36 万元不需缴税的标准以下，还可以获得 36 万元乘以 13%的补贴，一年有 46800 元的收入；将调整个人所得税标准扣除额、薪资扣除额、残障扣除额及教育扣除额列入"赋改会"议程；调降一般营利事业所得税、遗产税及赠与税。

（四）促进就业

马英九在岛内领导人选举期间曾提出经济政策白皮书，喊出"六三三"口号，即经济成长率 6%、民众所得每人每年 3 万美元及失业率降至 3% 以下。可见，提高民众收入和促进就业增长是马英九执政后的重要目标。面对金融危机带来的严峻的就业形势，台湾当局分别出台了短期就业计划和长期就业计划。

短期就业计划主要是针对台湾日益攀升的失业率，采取的增加临时性就业岗位的措施，属于应急性方案。根据《2008～2009 年促进就业方案》，短期就业计划自 2008 年 11 月 1 日至 2009 年 6 月 30 日止，由"行政院"各部会释出临时工作岗位，通过劳务外包或自行录用等方式招聘劳工，实现临时就业，并优先安排中高龄劳工、妇女、原住民、身心障碍者、大学毕业无工作经验者入职。该方案计划 2008 年和 2009 年可分别提供 4.6 万和 5.6 万个就业机会。

长期就业计划着眼于当前及未来若干年的就业形势和就业目标，试图从根本上缓解金融危机带来的失业压力。根据《2009～2012 年促进就业方案》，长期就业计划拟在 2009 年至 2012 年间，促进劳动市场增加就业机会，减少失业问题，具体措施包括：扩大产学合作，发挥大专院校及学术研究机构的研发能量，鼓励企业积极参与学术界应用研究，以培植企业研发潜力与人才；加强对人力资本的持续性投资，通过对失业者、在职者及特定对象（包括观光从业人员、荣民、原住民等）的训练，提升其就业能力；提升就业媒合成功率，减少摩擦性失业；提供工资补贴增加就业机会；等等。长期就业计划的目标是在实施期间培训97万人次，促进19万人就业，使失业率在2012年降至3.0%。

上述六大措施的推行，对缓解金融危机对台湾经济的影响具有一定的作用。加上世界经济出现复苏迹象，台湾经济形势在2009年有部分好转。主要表现在出口订单开始逐渐增多，带动了岛内工业生产；实际GDP增速全年虽然为负，但已逐季回升；台股也有较大反弹，到9月14日已拉至7256点。但是就业形势仍较严峻，7月份6.03%的失业率创下近年新高。

第三节　后国际金融危机时期台湾经济发展的困境

2008年国际金融危机的爆发，使全球经济陷入低迷，台湾经济也受到了严重冲击。通过一系列应对措施，台湾暂时渡过了国际金融危机的难关。虽然国际金融危机于2009年4月基本结束，[①]但它对全球经济的影响并非短期内可以消除。进入后金融危机时期，台湾经济仍面临重重困难。

一、后国际金融危机时期台湾经济发展的内外形势

国际金融危机爆发以来，国际与地区经济形势发生了深刻变化。台湾经济具有典型的外向型经济特征，对外依赖性较强，因此，外部经济环境的变化会引起岛内经济形势产生较大变化，并对台湾经济产生显著的影响。

---

① 李稻葵，江红平，冯俊新. 国际金融危机未来半年演进的六个预判 [J]. 第一财经日报，2009-6-11.

　　从国际上看，全球经济复苏缓慢，使台湾经济持续面临下行压力。国际金融危机严重冲击了全球尤其是发达国家的经济，虽然各国采取了一系列应对措施，逐步走出金融危机的泥沼，但由于欧美债务危机等因素影响，全球经济复苏进程缓慢。据国际货币基金组织（IMF）研究报告，2011 年全球经济增长率为 3.9%，其中发达国家增长率仅为 1.6%。2012 年，全球经济面临更为严峻的形势。希腊、葡萄牙、西班牙和意大利等重债国的债务危机持续发酵，成为笼罩欧洲乃至全球经济的阴影。虽然欧元区永久性救助基金——欧洲稳定机制（ESM）已于 2012 年 10 月全面启动，但这一机制对欧债危机只能起到缓解作用，并不能从根本上解决欧债危机。此外，美国"财政悬崖"是引发 2012 年国际市场担忧的另一重大因素。"财政悬崖"影响了全球投资者的信心，并冲击了全球资本市场，成为全球经济增长的威胁。虽然在最后时刻美国通过避免"财政悬崖"的议案，但对"财政悬崖"的恐慌已经对 2012 年全球经济的增长产生了不利影响，且议案遗留的削减政府开支问题仍有待解决。在欧债危机和美国"财政悬崖"的双重因素作用下，国际经济机构多次下调全球经济增长率预测。根据 IMF 最新数据，2012 年全球经济增长率为 3.2%，比 2011 年低 0.7 个百分点，其中发达国家增长率为 1.3%，比 2010 年低 0.3 个百分点。由于经济不景气，经济增长乏力，国际市场尤其是欧美市场的对外需求降低，进口减少。根据 WTO 统计数据，2012 年欧盟 27 国进口额同比下降 2.0%，美国进口额虽同比增长 2.8%，但增速明显低于 2010 年（14.8%）和 2011 年（3.8%）。[①]欧美经济和外需的低迷，给依赖出口的台湾经济带来了严重的负面冲击。

　　从岛内看，经济与民生问题积重难返，使台湾经济发展举步维艰。出口、消费、投资是拉动经济增长的"三驾马车"。作为典型的外向型经济体，长期以来台湾依赖出口维持了经济的快速增长局面，岛内实际存在的消费低迷、投资不足等内需不振问题则被经济增长的表面所掩盖。而国际金融危机爆发后，台湾的出口受到严重冲击，经济增速放缓，使台湾内需不振的问题充分暴露出来。2001 年～2007 年，台湾年均经济增长率为 3.83%，其中出口年均贡献了 4.56 个百分点，而民间消费、公共消

---

① 世界贸易组织，http://www.wto.org/english/news_e/pres13_e/pr688_e.htm.

费和固定投资分别只贡献了 1.38、0.08 和 0.03 个百分点。2008 年～2012 年，台湾经济增速下滑，年均增长率仅为 3%，出口、民间消费、公共消费和固定投资的贡献率仅分别为 2.93、0.93、0.18 和-0.29 个百分点。[①]岛内消费低迷的深层次原因是民众收入的缩水。以制造业为例，2008 年和 2009 年台湾制造业从业人员的实质薪资水平分别下降 3.55% 和 8.37%。岛内投资不足的主要原因是在当时的经济形势下，企业对市场前景较为悲观，投资意愿低。此外，台湾奉行自由化的市场经济原则，一般情况下不会推行以公共部门为主导的投资政策，这也使得台湾的公共投资规模相对较小。除内需不振外，台湾社会还面临一系列的经济与民生议题，例如"美牛"风波、税制改革、油价与电价调涨、劳保基金濒临破产、退休年金与财政改革等等。这些政经难题困扰台湾的行政当局，甚至引起民怨。而在台湾蓝绿恶斗的特殊政治生态背景下，这些经济与民生问题不但难以得到高效的解决，反而推动台湾社会长期陷入无谓的内耗之中。

可见，进入后国际金融危机时期，台湾经济发展的总体形势较为严峻，但也存在一定的机遇。如何应对不利的内外形势，抓住机遇，使台湾摆脱金融危机的后遗症，需要台湾当局采取积极主动的应对策略。

二、台湾的发展策略

在内外形势的压力之下，台湾当局从产业、贸易、就业等方面推出了一系列的政策。2011 年 5 月，台湾行政主管部门核定《产业发展纲领》，明确台湾未来十年各产业发展策略方向，并作为台湾各主管部门制定产业规划的依据；2011 年 11 月，行政主管部门核定《"经济部" 2020 产业发展策略》，涉及制造业及相关服务业的发展规划；2012 年 6 月，台湾当局提出一篮子"稳定物价措施"，旨在应对通胀风险、稳定物价水平；2012 年 9 月，台湾当局推出《经济动能提升方案》，拟从推动产业创新、扩大出口、加强人才培训、精进政府效能等方面促进台湾地区经济的再发展；同月，台湾当局核定《传统产业维新方案及推动计划》，旨在"改善产业结构、提升传统产业竞争力、再创传统产业新生命及增加就业机

---

① 根据台湾"经济部统计处"数据计算。

会";2012年10月,台湾行政主管部门推出《加强推动台商回台投资方案》,以吸引台商回流、扩大岛内投资、增加岛内就业,并推动新兴产业发展及产业结构优化。此外,台湾行政主管部门各部门还根据自身职能采取了一系列施政措施。

(一)加强产业创新,推动产业结构优化

《产业发展纲领》提出了台湾产业发展的整体愿景,即提升国际经贸地位,成为"全球创新中心、亚太营运枢纽、台商营运总部",布局全球;转型多元产业结构,善尽国际环保节能责任与提升产业附加价值;促进区域均衡发展,扶持中小企业并创造多元就业机会,实现乐活台湾。根据该愿景规划,台湾积极推动产业多元创新,主要措施包括:以"制造业服务化、服务业科技化与国际化、传统产业特色化"三大主轴推动岛内产业结构调整;从"建基盘"、"助成长"、"选精英"等策略方向,推动中坚企业跃升,强化台湾厂商在全球产业的关键地位。开展产学研合作研发产品计划,成立生计整合育成中心,推动产学合作大小联盟计划,加速研发成果应用,提升产业附加值。搭建观光行销推广平台,吸引高价值客源来台消费,强化陆客市场品质管理,奠定观光产业从量变到质变转型的基础;发展具有两岸特色的金融业务,推动岛内金融业永续发展;建构安全稳定、效率运用、洁净环境的永续能源,推动绿能产业跃升,促进绿能应用与推广并带动绿色就业;研拟《黄金廊道农业新方案》,辅导奖励农民、产销班、农企业,发展农业节水生产专区。

《传统产业维新方案及推动计划》针对具有维新内涵且具有在地发展性、示范性的产业,提出了"型塑创新高值、安全心永续生态的传统产业"的发展愿景,并明确了发展目标:(1)透过5年50项传统产业维新推动计划,将维新元素及思维注入传统产业,进而开创传统产业新生命。(2)方案执行期间,除可维系既有传统产业就业人数之外,预计将发展五个国际品牌、新增就业人数2.5万人,出口额累计增加2000亿元新台币,促进民间投资500亿元新台币。①

---

① http://www.ndc.gov.tw/m1.aspx?sNo=0017873&ex=1&ic=0000015.

（二）拓展外销市场，推动出口成长

主要措施包括：（1）提升输出附加值，开发新兴市场。强化对新兴市场资讯与需求的调查研究，在新兴市场且无驻外商务单位的商业大城市增设据点（2012 年规划增设科威特、印度加尔各答）；协助业者布建通路，与新兴市场当地大型通路商长期合作，设置《台湾优质产品展销区》（约 48 个）；提升台湾在新兴市场的产业形象，以跨媒体多元创新的整合行销传播方式办理约八场推广活动，鼓励厂商开发创新国际行销模式；推动 12 个整合示范案例，遴选领头厂商带领其他厂商，以水平或垂直整合模式共同拓展新兴市场；扩大自由贸易港区营运面积，松绑并革新自由贸易港区法规制度，推动自由贸易港区多元发展。（2）强化服务输出竞争力。锁定具备国际竞争力的服务业进行海外行销推广，初步选定约 20 家业者海外展店；2012 年～2016 年间促成 1000 场国际会议及 1000 档展览活动（含奖励旅游）在台湾举办，吸引境外人士来台消费，扩大会展及周边产业 900 亿元商机，并结合《台湾观光年历》，提升台湾观光品质。（3）加入区域经济整合。当局成立"国际经贸策略小组"，强化台湾在洽签经济合作协定与参与区域经济整合等国际经贸事务方面的决策机制；在 2012 年～2019 年间，拟进行"台新（加坡）经济伙伴协议""台纽（新西兰）经济合作协议"谈判，与印度、菲律宾、印尼等进行洽签经济合作协定的可行性研究，与以色列就洽签自由贸易协定成立工作小组，加速推动与欧盟洽签经济合作协定，复开"台美贸易暨投资架构协定"会议，试图为台美 FTA 打下基础；创造条件，拟于八年内加入跨太平洋伙伴协定（TPP）；加速完成海峡两岸经济合作架构协议（ECFA）的后续协商谈判。（4）强化智财权策略布局。研拟《智财战略纲领（草案）》，达成"以布局前瞻智财、发挥智财价值、提升智财保护强度、完备智财基础建设，让台湾成为亚太智财创造与运用'强台'"的愿景；在大学院校增设调整系所，培育符合实务所需的智慧财产领域人才。

（三）促进投资，推动建设

主要措施包括：（1）扩大招商，促进民间投资。协助岛内业者排除投资障碍，积极促进民间投资（年度目标金额至少达 1 万亿元新台币），并由"国发基金"编列 100 亿元新台币引导创投资金投资策略性服务业；运用行政主管部门全球招商联合服务中心的服务机制，加强对外招商，

鼓励外商在台投资；以两岸签订 ECFA 为契机，以提升产业价值链及技术为目标，推动指标性企业回台投资，每年预定目标为新台币 500 亿元，以带动岛内经济发展并促进岛内就业。（2）创新财务策略，推动公共建设。推动《跨域加值公共建设财务规划方案》，以增额容积等多种方式协助公共建设筹措资金；推动公私合作机制，运用民间资金、落实租税增额财源机制及异业结盟等各项策略，以提高计划自偿率，推动公共建设。搜集汇整陆资可投资商机，成立辅导团队协助各机关推动陆资来台投资公共建设；推动"民间财务主导公共建设"制度，成立协调及协助平台。（3）促进中长期资金投入公共建设。检讨中长期资金投入公共建设的障碍，研拟放宽相关法令；适时配合各主管机关研议政府基金或寿险资金投入公共建设，以扩大计划财源并增加基金投资管道。（4）因应产业发展趋势，适时调整投资相关法规。检讨侨外投资负面列表及陆资来台投资业别项目与投资限制，排除投资障碍，简化审核流程；订定《提升民间投资动能方案》，塑造完备的投资环境。（5）规划自由经济示范区推动计划，开放岛内市场，松绑岛内投资法规，改善区内土地、劳动力、资本等生产要素。

（四）稳定物价，防范通胀风险

台湾当局稳定物价的措施主要有：（1）在上游领域，稳定大宗进口物资及农产品产地价格。机动调降大宗物资关税或免征营业税；限制公营事业部分产品价格调涨，责成公营事业单位配合政策，台糖公司小包装民生用糖冻涨，沙拉油价格维持市场最低价；掌握每日敏感性农产品的产地价格变动及批发市场交易情形，必要时启动相关产销调节措施。（2）在中游领域，减轻运输成本，严查联合垄断。补贴农渔民用油，其中农机用油维持免征 5%营业税，并以 2011 年 4 月 25 日生效的汽柴油价格为基准价，补贴超过基准价格的农机用油费 50%；渔业动力用油持续办理免征货物税及营业税，并依据《渔业动力用油优惠油价标准》规定，依免税牌价补贴 14%。针对指标性商品进行成本价格分析，以供决策参考，避免业者不合理涨价。加强稽查中游业者联合垄断或不法囤积，"公平会"针对奶粉、洗发精、饲料玉米、肉鸡、大蒜等重要民生物资立案并进行调查。若涉及联合垄断，则立即予以开罚。（3）在下游领域，监控市场物价，成立抗涨专区，严惩不法囤积或哄抬。包括适度释出公粮调节，办理平价蔬菜供应及夏季蔬菜冷藏库滚动式仓储，推出短期平价猪肉供应做法，以稳定农产品市场价格；建立市场查价机制，对涨价幅度较大的物资进行成本估算及价格分析，并将不合理情况转送"公平会"立案调查；邀集业者签署声明，承诺不哄抬物价，向消费者提供更多优惠商品；加强查缉联合垄断、不法囤积或哄抬价格等行为。此外，有关部门还采取了一系列配套措施，如"中央银行"加强公开市场操作，以减缓通货膨胀预期；台湾当局通过油电补助，照顾弱势群体等等。

台湾当局采取的上述措施，是应对当前经济形势的必要之举，对稳定台湾经济有一定作用。但我们不能高估这些措施的效果，主要原因包括：（1）在高度自由化的台湾经济体制中，行政当局的经济政策主要起引导和支持作用，台湾经济发展的表现更多地由经济本身及市场决定。（2）政府政策存在一定的时滞，不可能立即发挥作用，而且到发挥作用时，形势有可能已经发生变化。（3）台湾当局的行政效率和施政成效备受诟病，部分政策措施在制定时有拼凑应付之嫌。这些因素使得台湾当局应对措施的实际效果大打折扣。

三、后国际金融危机以来台湾经济发展的表现[①]

（一）宏观经济出现复苏迹象，但增长仍然缓慢

进入后国际金融危机时期，由于台湾当局采取了一系列措施，加上全球经济形势的缓和，台湾的宏观经济在经历了波动以后，总体而言出现了好转迹象。从纵向比较来看，由于国际金融危机的影响，台湾的经济增长率在2009年跌入低谷，仅为-1.81%；2010年，由于台湾当局采取了积极的应对措施，加上两岸经济合作的进一步深化，台湾的经济增长率迅速反弹至10.76%，创下1988年来的新高，但是这种高增长率是建立在2009年GDP出现缩水的基础上的，只能表示台湾经济形势触底反弹，有所缓和，并不代表台湾经济出现"繁荣"；2011年，欧美债务危机恶化了国际经济环境，台湾的经济增长率则降至4.07%；2012年在全球经济持续低迷、岛内经济发展动力不足的形势下，台湾的民间消费、公共消费、固定投资、出口均面临严峻考验，造成台湾经济总体表现不

---

① 如无特别说明，本部分所引用涉台经济数据皆来源于台湾"经济部统计处"．

佳，全年 GDP 为 14.08 万亿元新台币，实际增长率为 1.48%。2013 年，由于岛内投资和出口的增长，台湾 GDP 达 14.56 万亿元新台币，实际增长率为 2.11%，比 2012 年增速高出 0.63 个百分点，台湾经济出现复苏迹象。

在 GDP 的构成比重方面，2013 年商品及劳务输出占 72.98%，民间消费占 59.51%，公共消费和固定投资的占比较小，仅为 11.86% 和 19.42%（存货变动为负，占比为-0.16%；商品及服务输入为 GDP 的减项，占比为 66.20%）。在 GDP 构成各项的成长方面，民间消费、化共消费、固定投资、商品及劳务输出、商品及服务输入在 2013 年实际增长 1.77%、-0.33%、5.26%、3.81% 和 4.01%，除政府消费外，其他均高于 2012 年增长水平，说明台湾经济形势略有好转。在 GDP 的增长贡献方面，商品及劳务输出贡献了 2.80 个百分点，贡献最大，其余依次为民间消费、固定投资、公共消费、存货变动和商品及劳务输入，分别贡献了 0.95、0.85、-0.04、-0.29 和-2.17 个百分点。

进一步分析占 GDP 比重最大的商品及劳务输出在最近若干年的增长水平及其对 GDP 增长的贡献变动，可以发现 2010 年和 2011 年商品及劳务输出分别增长 25.63% 和 4.55%，其对 GDP 增长的贡献度分别为 16.78 和 3.30 个百分点，而 2012 年仅增长 0.11%，其贡献度也降至 0.08 个百分点，充分说明商品及劳务输出的衰退，是 2012 年台湾经济增速放缓的重要原因。2013 年商品及劳务输出增长 3.81%，比 2012 年增加 3.70 个百分点，其对 GDP 增长的贡献率达到 2.80 个百分点，同比增加 2.72 个百分点，这也带动了 2013 年台湾 GDP 增速的小幅回升，充分体现了商品及劳务输出对台湾经济的重要性。

虽然台湾经济出现了复苏迹象，但是，与国际金融危机之前（2001 年至 2007 年）台湾 4.23% 的经济增长平均水平相比较，当前台湾的经济增长速度仍然较慢，说明台湾走出国际金融危机的阴影尚需时日。从横向比较来看，台湾的经济增长水平也不容乐观。2012 年台湾的经济增长率低于世界平均水平（3.2%），与发达经济体的平均水平持平；在亚洲的主要经济体中，不仅远远落后于中国大陆（7.8%）和东盟五国（5.7%，东盟 5 个主要国家印度尼西亚、泰国、菲律宾、马来西亚和越

南的平均水平），也低于亚洲"四小龙"中的韩国（2.0%）和中国香港
（1.5%），与新加坡持平。2013 年，全球工业生产增长减缓，贸易持续
走低，加上国际价格水平回落，国际金融市场连续波动，[①]世界经济增
速为 3.0%，比 2012 年小幅回落 0.2 个百分点。与世界平均经济增速下
滑相比，台湾在 2013 年的经济增速有所上涨，但仍落后于世界平均水平。
与发达经济体相比，2013 年台湾的经济增速虽高于全球发达经济体的平
均水平（1.3%），也高于美国（1.9%）、欧元区（-0.5%）、日本（1.5%），
但低于亚洲"四小龙"其他三个经济体（韩国 2.8%，新加坡 4.1%，中
国香港 2.9%）。

表 3.2　部分经济体经济增长率（2008～2013 年）

单位：%

	2008 年	2009 年	2010 年	2011 年	2012 年	2013 年
世界	3.0	-0.6	5.0	3.9	3.2	3.0
发达经济体	0.5	-3.4	3.0	1.6	1.3	1.3
美国	0.4	-2.6	2.8	1.8	2.3	1.9
欧元区	0.6	-4.1	1.8	1.4	-0.4	-0.5
亚洲发达经济体	1.7	-0.9	8.2	4.0	1.8	2.1
日本	-1.2	-6.3	4.3	-0.6	2.0	1.5
韩国	2.3	0.3	6.3	3.6	2.0	2.8
新加坡	1.7	-0.8	14.8	5.2	1.3	4.1
中国香港	2.1	-2.5	6.8	4.9	1.5	2.9
中国台湾	**0.7**	**-1.8**	**10.8**	**4.1**	**1.3**	**2.1**
亚洲发展中地区	7.9	7.0	9.3	8.0	6.6	6.5
中国大陆	**9.6**	**9.2**	**10.3**	**9.3**	**7.8**	**7.7**
东盟五国	4.7	1.7	6.7	4.5	5.7	5.2

数据来源：根据 IMF 历年"World Economic Outlook"数据整理。

说明：因统计口径不同，IMF 关于台湾经济增长率的数据与台湾"经济部统计处"略有差异。

　　从经济景气角度来看，2010年至2013年期间，台湾的经济景气状况
经历了逐渐陷入低迷再到缓慢回升的过程。2010年初，台湾经济经历了
国际金融危机后的反弹，一度处于红灯即"热络"状态，但此后景气对

---

　　① 国家统计局.地区格局悄然变化，增长动力略有增强——2013 年世界经济回顾及 2014 年展
望.2014 年 2 月 27 日.

策信号分数一路下滑，到2011年11月，台湾经济的景气对策信号[①]分数仅为16分，对应的信号灯转为蓝灯，表示景气进入低迷状态。2012年1月，景气对策信号分数下滑至13分，为2010年以来的最低点。但此后景气对策信号分数开始缓慢回升，至2012年9月升至20分，对应的信号灯转为黄蓝灯，表示景气开始转向，存在回暖迹象。此后景气对策信号分数在持续振荡中逐渐回升，在2013年12月达到24分，转为绿灯，进入稳定状态，但是距"热络"状态还有较大差距，反映了台湾经济仍未彻底走出国际金融危机的泥沼。

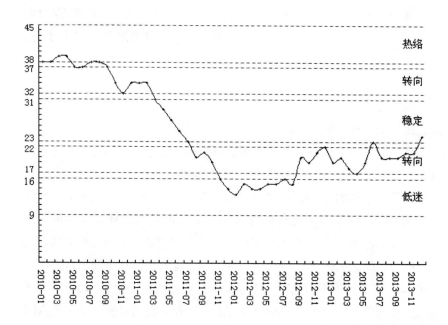

图 3.1　台湾经济景气对策信号分数（2010 年 1 月～2013 年 12 月）

资料来源：根据台湾"发展委员会"数据绘制。

（二）进出口均大幅衰退，对外贸易形势严峻

作为开放型的经济体，长期以来台湾的经济增长都高度依赖对外贸

---

① 根据台湾"行政院经济建设委员会"解释，景气对策信号也称"景气灯号"，系以类似交通信号方式的 5 种不同信号灯代表景气状况的一种指标，目前由货币总计数 M1B 变动率等九项指标构成。"绿灯"（31～23 分）表示当前景气稳定，"红灯"（45～38 分）表示景气热络，"蓝灯"（16～9 分）表示景气低迷，至于"黄红灯"（37～32 分）及"黄蓝灯"（22～17 分）二者均为注意性灯号，宜密切观察后续景气是否转向。相关信号分数来源于台湾"行政院经济建设委员会"网站。

易，但是进入后国际金融危机时期，台湾面临十分严峻的对外贸易形势。2012 年全年出口额为 3011.1 亿美元，比 2011 年下降 2.3%，出口商品以重化工业产品为主，占 82.4%，其他依次为非重化工业产品、农产加工品和农产品，分别占 16.3%、1.0% 和 0.3%；全年进口额为 2707.3 亿美元，比 2011 年下降 3.8%，进口以农工原料为主，占 77.2%，其他包括资本设备和消费品，分别占 13.4% 和 9.4%；出超 303.8 亿美元，增长 13.3%。出口下降的主要原因是来自美国、欧洲、亚洲等市场的需求减少，其中，对美国出口下降的主要原因是美国经济环境不佳，对外需求减少。出口形势的恶化，是 2012 年台湾经济增长乏力的重要原因。进入 2013 年，台湾的出口形势略有好转，全年出口额为 3054.4 亿美元，同比增加 1.4%，扭转了 2012 年出口额下滑的危机，2013 年出口增长主要得益于重化工业产品出口增长 1.89%，带动了总体出口增长水平；全年进口额为 2699.0 亿美元，同比下降 0.2%，反映了岛内对外需求不振。虽然进口额继续下滑，但降幅比 2012 年明显收窄。

从出口目的地构成来看，亚洲是台湾的主要出口目的地，且对亚洲市场的依赖性逐渐提高。2013 年对亚洲地区出口额为 2169.3 亿美元，占台湾总出口额的 71.02%，这一比重较 2011 年和 2012 年分别高出 1.98 和 0.75 个百分点，显示亚洲市场的潜在活力和日益重要性。在亚洲市场中，对大陆的出口额达 817.9 亿美元，占台湾总出口额的 26.78%，大陆已成为台湾最大的出口目的地，但值得注意的是，对大陆出口占比自 2010 年以来有逐年下滑趋势，这与大陆近年来经济发展方式转变、经济增速放缓有关。亚洲市场中出口占比上升比较明显的目的地是东盟六国（越南、新加坡、泰国、马来西亚、印度尼西亚和菲律宾），其 2013 年占比为 18.95%，比 2009 年高出 4.15 个百分点，且该比重自 2009 年以来逐年稳步上升，表明中国台湾与东盟的经贸关系势头较好。除亚洲外，欧美也是中国台湾的重要出口目的地，但近年来出口占比呈逐年下降趋势。2013 年中国台湾对欧洲地区和美国的出口额分别为 277.5 亿美元和 325.6 亿美元，占总出口额的比重分别为 9.09% 和 12.04%，比 2009 年分别下降 0.46 和 0.34 个百分点。

从进口目的地构成来看，亚洲也是台湾的主要进口来源地。2013 年从亚洲地区进口额为 1452.0 亿美元，占台湾总进口额的 53.80%，其中自日本进口 431.6 亿美元，占台湾总进口额的 15.99%，是台湾最大的进口来源地；台湾从大陆的进口比重次之，为 15.78%；自东盟六国进口的比重居第三位，为 12.00%。2013 年台湾自欧洲地区和美国的进口额分别为 299.9 亿美元和 252.0 亿美元，进口占比分别为 11.11% 和 9.34%，均比 2012 年略有增长，不过从近五年来的进口数据来看，台湾自欧美的进口比重呈小幅波动状态，未呈现明显的直线下降或上升趋势。

（三）物价形势总体平稳，通胀危机暂时缓解

2000 年以来，由于输入性通胀等因素影响，台湾的物价水平曾屡屡高涨，例如 2008 年台湾批发物价指数（WPI）和消费者物价指数（CPI）同比分别上涨 5.15% 和 3.52%。物价高涨增加了台湾民众的生活压力，已成为台湾社会高度关注的"民怨"。在台湾当局稳定物价的相关措施的推动下，2013 年台湾的物价形势总体比较平稳，这是 2013 年台湾宏观经济运行中相对利好的指标。具体而言，2013 年全年台湾批发物价指数下降 2.43%，也就是说批发物价较 2012 年有所下跌。实际上 2012 年台湾的批发物价指数已经负增长（-1.16%），这就扭转了台湾批发物价在 2010 年和 2011 年居高不下的态势（2010 年台湾 WPI 上涨 5.46%，2011 年 WPI 上涨 4.32%）。2013 年全年消费者物价指数上涨 0.79%，创下 2010 年以来的新低（2010 年、2011 年、2012 年消费者物价指数分别上涨 0.96%、1.42%、1.93%），其中食物类价格上涨达 1.27%，涨幅高于 2010 年（0.62%），但低于 2011 年（2.26%）和 2012 年（4.16%）；非食物类商品价格上涨 0.62%，为 2010 年以来最低水平（2010 年、2011 年、2012 年分别为 2.40%、2.19% 和 2.19%）；服务类价格上涨 0.73%，略低于 2012 年（0.75%），但高于 2010 年（0.31%）和 2011 年（0.64%）。

2013 年台湾物价形势总体平稳与国际物价形势密切相关。受国际经济低迷的影响，2013 年全球物价上涨趋缓。据国际货币基金组织统计，2013 年全球消费者物价指数（CPI）上涨 3.0%，低于 2012 年（3.2%），其中发达经济体的 CPI 仅为 1.3%。由于国际物价涨幅走缓，2013 年台湾进口物价下跌 4.81%（以美元计价），相比之下，2011 年台湾进口物价上涨高达 15.39%，进口物价的下跌，拉低了岛内物价水平的涨幅。

表 3.3　后国际金融危机时期台湾物价上涨水平（2010～2013 年）

年份	批发物价指数（WPI）上涨率	消费者物价指数（CPI）上涨率	食物类	商品类（不含食物）	服务类
2010	5.46	0.96	0.62	2.40	0.31
2011	4.32	1.42	2.26	2.19	0.64
2012	-1.16	1.93	4.16	2.19	0.75
2013	-2.43	0.79	1.27	0.62	0.73

资料来源：台湾"经济部统计处"。

（四）就业形势逐渐好转，实际薪资水平有所下降。[①]

国际金融危机爆发后，台湾曾面临非常严峻的就业形势。2009 年台湾的失业率达 5.85%，创下台湾历年新高。随着危机冲击效应的逐渐减弱，此后台湾的失业率逐年下降，2013 年已降至 4.18%，为 2009 年以来最低。（1）在就业人口方面，2012 年台湾平均就业人口为 1096.7 万，比 2012 年增加 10.7 万。在服务业就业的人口为 645.8 万，占总就业人口的 58.89%，工业就业人口达 396.5 万，占总就业人口的 36.15%，其中制造业就业人口达 298.8 万；农业就业人口为 54.4 万，占总就业人口的 4.96%。（2）在失业人口方面，2013 年台湾平均失业人口为 47.8 万，比 2012 年减少 2.3 万。就失业原因而言，有 11.2 万人属于初次寻职，占总失业人口的 21.83%，而在非初次寻职者中，因对原有工作不满意而失业的有 16.1 万人，占总失业人口的 33.68%；因工作场所业务缩减或歇业而失业的有 13.9 万人，占总失业人口的 29.08%；因季节性或临时性工作结束而失业的有 4.4 万人，占总失业人口的 9.21%。

虽然 2013 台湾的就业形势略有好转，但就业人员的实际薪资水平并未有所改观。2013 年台湾工业及服务业受雇员工每人每月平均名义薪资为 45965 元新台币，比 2012 年增长 0.17%，但考虑物价上涨因素，人均实际薪资比 2012 年减少 0.62%。实质薪资的下降，影响了台湾民

[①] 台湾"主计总处". 薪资与生产力统计月报，2013 年 12 月；台湾"国家发展委员会". 就业市场情势月报，2014（1）；当前总体经济情势简报，2014（1）.

众生活水平的提高，也导致民众消费水平和购买力的萎缩，进而影响台湾经济的成长。可以说，薪资停滞不前甚至下降，已成为台湾的"民怨"之一，也是台湾在后国际金融危机时期必须认真面对和切实解决的难题。

第四章　世界经济体系再调整、台湾经济发展路径解锁与两岸经济关系转折

2008 年国际金融危机的发生，使西方发达国家主导的世界经济体系再次面临重大调整。我国台湾地区在世界经济体系长期处于依附西方发达国家的地位，因而也遭受危机的冲击，至今仍未完全走出金融危机影响的阴影。从短期来看，台湾需要采取一系列措施应对当前低迷的经济走势；从中长期来看，台湾更需要反思其以往在世界经济体系中所扮演的角色，从传统的经济发展路径依赖中"解锁"，并积极发展与大陆的经济关系，从而为台湾经济的长远发展奠定基础。

第一节　大陆经济的崛起[①]

自 1949 年以后，大陆与台湾走上了完全不同的经济发展道路。在改革开放之前，大陆通过自力更生，取得了社会主义建设的巨大成就，但也经历了曲折。改革开放之后，大陆进入经济高速增长期，取得了举世瞩目的成就。2000 年以来，与台湾经济深陷困境相比，大陆经济保持稳定增长，并在世界经济体系中占据了越来越重要的地位。2013 年党的十八届三中全会通过的《关于全面深化改革若干重大问题的决定》，进一步明确了要"紧紧围绕使市场在资源配置中起决定性作用深化经济体制改革，坚持和完善基本经济制度，加快完善现代市场体系、宏观调控体系、开放型经济体系，加快转变经济发展方式，加快建设创新型国家，推动经济更有效率、更加公平、更可持续发展"，并提出了"为全面建成小康

---

① 曹小衡，汪小峰.后金融危机时期两岸经济走向及合作研究 [J] .台湾研究，2010（2）：16～17.

社会、不断夺取中国特色社会主义新胜利、实现中华民族伟大复兴的中国梦而奋斗"的号召。可以说，大陆经济已经开始崛起，并将以崭新的姿态屹立于世界经济体系之中。

一、宏观经济保持稳定增长

自 2000 年以来，中国大陆国民经济一直保持持续、快速、健康发展的势头。2000 年至 2013 年间，中国大陆实际 GDP 增长率的年均水平达 9.86%，[①]而同期美国为 1.83%，日本为 0.07%，欧盟为 1.69%。[②]2010 年中国大陆GDP 超过日本，居世界第二位，仅次于美国。根据"十二五"规划，2011年至 2015 年大陆国内生产总值年均增长预期目标为 7%，虽然低于过去十年的年均增长水平，但仍处于较高的水平。此外，"十二五"规划还明确提出将努力实现城镇新增就业 4500 万人，城镇登记失业率控制在5%以内，保持价格总水平基本稳定，国际收支趋向基本平衡，经济增长质量和效益明显提高。

二、经济发展方式加快转变，内需将成为新的经济增长点

近年来，大陆经济在保持稳定增长的同时，也出现了资源环境约束性强、需求结构失衡、产业结构不合理等亟待解决的问题。特别是在国际金融危机爆发后，世界经济增长放缓，各国在市场、资源、人才、技术等方面的竞争更加激烈，使中国大陆面临更为复杂的外部环境。[③]为此，大陆未来将以促进经济结构战略性调整为主攻方向，加快转变经济发展方式，也就是促进经济增长由主要依靠投资、出口拉动向依靠消费、投资、出口协调拉动转变，由主要依靠第二产业带动向依靠第一、第二、第三产业协同带动转变，由主要依靠增加物质资源消耗向主要依靠科技进步、劳动者素质提高、管理创新转变。

内需由投资和消费构成。出口、投资和消费是拉动经济增长的三驾马车，在外贸难以长期维持高速增长局面的情况下，内需将成为经济增长的重要动力。长期以来，增加投资成为中国大陆扩大内需的主要政策

---

① 根据《中国统计年鉴》和《国民经济和社会发展统计公报》数据计算。
② 中国、美国与日本数据根据国际货币基金组织数据库计算 http://www.principalglobalindicators.org. 欧盟数据根据欧盟统计局数据库计算，http://epp.eurostat.ec.europa.eu/portal/page/portal/eurostat/home
③ 《中共中央关于制定国民经济和社会发展第十二个五年规划的建议》。

选择。事实上，消费对经济增长的拉动作用同样不可忽视。作为最终需求，消费是重要的宏观经济变量，它使社会产品的价值得以实现，并为生产的发展创造出动力，尤其是对于中国这样的人口大国来说，消费的增长对经济的促进作用十分明显。

随着居民生活水平的提高，大陆的消费市场也显示出了巨大的潜力。住房消费、汽车消费、电子产品消费、奢侈品消费、环保产品消费以及服务性消费将成为大陆消费品市场的主要消费方向。据估计，未来十几年，大陆对电脑、手机、消费类电子消费量将急剧增长，成为世界增长最快、潜力巨大的市场；到 2015 年大陆奢侈品消费将占全球市场份额的 29%，成为全球最大的奢侈品消费市场；到 2020 年大陆消费市场总量将比 2010 年翻一番以上。[①]

当前，大陆的消费潜力远未发挥出来。一般而言，当经济发展到一定阶段后，投资率会逐步放缓，消费率逐步上升，经济增长也将由投资拉动为主转为以消费拉动为主。经验研究（钱纳里，1975）表明，消费率在人均 GDP 超过 1000 美元后有显著上升，此后基本趋于稳定。大陆人均 GDP 自 2003 年开始突破 1000 美元，但最终消费率仍不断下滑。从 2003 年的 56.9%，降至 2012 年的 49.5%左右，[②]并远远低于全球 77% 的平均水平。可见，当前大陆消费率过低，积累与消费比例已经严重失衡。造成这一现象的主要原因是居民收入水平不高，收入差距加大，消费倾向偏低，未来此种现象将有望取得根本改变。

三、现代产业体系逐渐形成

在经济全球化背景下，中国的产业体系已成为国际分工体系的重要组成部分。"十二五"规划提出要发挥大陆产业在全球经济中的比较优势，发展结构优化、技术先进、清洁安全、附加值高、吸纳就业能力强的现代产业体系，为"十二五"时期大陆的产业发展指明了方向。

从总体思路来看，大陆发展现代产业体系将遵循比较优势战略，即在每一个发展阶段都应按照禀赋结构决定的比较优势进行产业的选择，同

---

① 任兴洲，廖英敏. 中国消费市场的潜力和前景 [J]. 中国发展高层论坛，2008.
② 国家统计局. 中国统计年鉴，2013 年.

时要积极推动禀赋结构的升级以实现产业结构的升级（林毅夫，2008）。[①]
长期以来大陆的禀赋结构是劳动要素相对丰裕，资本和技术相对稀缺，
按照比较优势战略理论，当前大陆仍将发展而不是放弃劳动密集型产业
的发展，同时充分利用劳动密集型产业发展所积累起来的资本，增加大
陆的技术研发投入，促进整个社会的技术、知识和信息的发展，提高资
本和技术要素的丰裕程度，推动要素禀赋结构向资本和技术方向升级，
在此基础上实现劳动密集型产业的升级以及资本和技术密集型产业的快
速发展。按此思路，未来大陆将发展新兴产业与改造传统产业相结合，
以推动形成结构优化的产业体系；促进企业生产向研发、品牌、营销等
环节延伸，以推动形成附加值高的产业体系；加快相关产业在国际间的
转移，以推动形成多层次分工的产业体系。[②]

四、工业化和城市化将成为支撑大陆经济保持高速发展的主要动力

工业化是现代化的基础和前提，它是指工业在一国经济中的比重不
断提高并成为经济主体的过程，也就是从传统的农业社会向现代化工业
社会转变的过程。改革开放 30 多年以来，大陆的工业保持了高速增长的
态势，在世界工业中的地位也不断提升。特别是在进入新的世纪后，大
陆提出要走出一条"科技含量高、经济效益好、资源消耗低、环境污染
小、人力资源得到充分利用"的新型工业化道路。到 2005 年，大陆已进
入工业化中期阶段。但是，区域经济发展不平衡、企业自主创新能力弱、
制造业技术水平低等因素仍制约着大陆的工业化进程。要达到在 2020
年基本实现工业化的目标，未来若干年大陆必须采取相应对策，加快工
业化步伐。

城市化是现代化的重要标志，它是农村人口不断向城市人口转变的
过程。近年来大陆的城市化水平有了显著提高，从 2001 年的 37.7%增
至 2013 年的 53.7%[③]，到 2020 年，城市化水平有望升至 60%左右，达
到中等发达国家水平。鉴于国际市场可能出现的持续疲软，大陆需要积

[①] 林毅夫. 经济发展与转型——思潮、战略与自生能力 [M]. 北京：北京大学出版社，2008
年.
[②] 汪立峰. 国际分工与我国现代产业体系发展 [J]. 高校理论战线，2011（2）：37～38.
[③] 国家统计局全国年度统计公报（2001 年度和 2013 年度）。

极寻找新的经济增长点，工业化和城市化将在其中扮演重要的角色。诺贝尔经济学奖获得者斯蒂格利茨曾指出，中国的城市化将是区域经济增长的火车头，并产生最重要的经济效益。工业化和城市化的推进，将引致基础设施建设方面的需求，促进就业水平和收入水平的提高，推动产业结构和消费结构的升级，并带动生态环境与经济社会的和谐发展。考虑到大陆拥有 13 亿人口，工业化和城市化进程中所蕴含的经济潜力将不可估量。可以说，工业化和城市化将成为未来驱动大陆经济增长的"双引擎"。

五、国际经济地位不断提升

在当今世界经济格局中，中国大陆已成为重要一极，其地位和作用日益凸显，主要体现在四个方面：一是中国大陆成为世界经济增长的主要动力。近年来，在发达国家的经济陷入低迷的情况下，中国大陆仍实现了经济的高速增长。二是中国（大陆）在国际分工中的地位逐渐提高。在成为"世界工厂"的同时，大陆通过技术创新和品牌塑造，逐渐向全球产业链的高端延伸。三是中国大陆在国际经济活动中的话语权增加。目前，中国已成为世界银行第三大股东国，在 IMF 中的投票权也已升至第三位。在其他国际或区域性的经济组织中，如世贸组织、APEC 会议等等，中国大陆也扮演了重要角色。四是人民币国际化进程加快，这对于奠定中国大陆经济的国际影响力至关重要。目前，人民币正在向周边化和区域化迈进，逐渐成为区域性的重要货币，并为人民币国际化奠定了基础。自 2008 年 12 月以来，中国大陆央行已与中国香港特区、韩国、马来西亚、印度尼西亚、白俄罗斯、阿根廷等多个国家和地区的央行及货币当局签署了货币互换协议。多项货币互换协议的签署表明，中国大陆的贸易伙伴认可了人民币的地位和稳定性，接受了人民币作为各方认可的结算货币甚至储备货币，从而启动了人民币向国际化的进程。国家间经济竞争的最高表现形式就是货币竞争，如果人民币对其他货币的替代性增强，不仅将现实地改变储备货币的分配格局及其相关的铸币税利益，而且也将对地缘政治格局产生深远的影响。

第二节　后国际金融危机时期世界经济体系的再调整

从历史角度看，历次世界性经济危机的爆发，都会引发国际经济力量新的不平衡，推动世界经济体系做出新的调整。2008 年国际金融危机的爆发，使旧的世界经济体系出现力量对比的重大变化：传统的中心经济体经济复苏前景不容乐观，已难以成为独自驱动世界经济增长的单引擎；以中国大陆为代表的新兴经济体由于日益增长的经济总量和相对稳定的经济增速，在促进全球经济增长的过程中发挥着越来越重要的作用。

世界经济体系的再调整，对台湾经济发展的路径依赖产生了重大冲击。从短期来看，中心经济体的经济低迷状态，使台湾面临出口下滑、经济增速放缓、民众实际收入降低等困境。从中长期来看，台湾经济在传统世界经济体系中所形成的路径依赖，已无法适应新的世界经济体系的变化。

一、全球经济治理机制加速改革，台湾传统依附对象的地位受到挑战

长期以来，全球经济治理机制存在严重的缺陷。发达经济体掌握了世界经济发展的话语权，控制了全球经济资源的跨国流动和配置，使国际经济秩序处于失衡和不公平的状态，广大发展中国家尤其是一些新兴经济体迫切需要参与全球经济治理。国际金融危机发生后，全球发达经济体和新兴经济体的力量对比和经济地位发生了深刻变化。美欧等发达国家受危机冲击严重，经济增速明显放缓，主权债务危机愈演愈烈。在全球经济低迷的形势下，发达经济体经济复苏前景短期内不容乐观，已难以成为独自驱动世界经济增长的单引擎。与发达经济体相比，新兴经济体虽然也受到国际金融危机的影响，但由于日益增长的经济总量和相对稳定的经济增速，因而在摆脱金融危机冲击、促进全球经济复苏的过

程中发挥着极其重要的作用。各种经济力量对比的变化，使全球经济治理机制面临进一步的变革。最为显著的进展是由发达经济体和新兴经济体共同组成的 G20 已成为国际经济合作的主要平台，并从协同刺激转向协调增长、从短期应急转向长效治理、从被动应对转向主动谋划转变。此外，在世界银行、国际货币基金组织等国际性金融组织中，中国大陆等新兴经济体的投票权和份额有所提升。这都反映了新兴经济体已成为全球经济治理的重要力量，正如世界经济论坛主席克劳斯·施瓦布所言："当今世界已发生根本性变化，最重要的一点是全球政治和经济重心已由西向东，由北向南转移。"[①]在此形势下，中心经济体对台湾经济的带动作用已经大幅下降。台湾如果继续以中心经济体为依附对象，则很难从中获得最大化的经济利益，而且将失去大陆等新兴经济体崛起所带来的潜在市场机遇，这对台湾而言将是重大的经济损失。

二、世界经济体系呈现复杂的"双循环"特征，台湾经济的对外循环方式有待调整

在"中心经济体"经济进入增速放缓、外需疲软的长期通道的形势下，世界经济体系的"中心—外围"循环受到一定程度的阻滞，台湾已不能单一依靠参与"中心—外围"循环而获得经济的可持续发展。相反，外围经济体之间的贸易、投资与区域经济合作正在兴起，在世界经济体系循环系统中的地位不断提高。世界经济总体结构正从以发达国家为核心的"中心—外围结构"，逐渐演变为"中心—外围循环"与外围经济体内部的新经济循环共存的"双循环结构"。[②]而作为新兴经济体代表的中国大陆，既是外围经济体经济循环的核心，也是两个循环的重要连结点。在外围经济体经济循环中，中国大陆在"走出去"战略的引导下，在广大亚非拉国家和地区进行投资，逐渐将在中国大陆失去比较优势的产业转移到这些地区，同时通过贸易往来，从这些地区进口资源型产品和初级产品，然后将制成品销往有关国家和地区，形成相互循环。而中国大陆在全球经济中长期扮演的"世界市场"和"世界工厂"的角色，推动发达经济体与中国大陆的贸易与投资联系日益密切，这就使得"中

---

① 新华网，http://news.xinhuanet.com/fortune/2011-01/26/c_121027604.htm.
② 王跃生. 论世界经济的结构变迁 [J]. 中国高校社会科学，2013（4）：95.

心—外围循环"与外围经济体内部的新经济循环在中国大陆形成了有效的联结。"双循环"特征的形成，使台湾以往依赖"中心—外围"循环的方式受到挑战。台湾必须深刻认知大陆在"双循环"体系中的地位和作用，并相应调整自身参与循环的方式和途径。

三、亚太地区渐成世界经济重心，台湾在区域经济中的边缘角色亟待改变

经济全球化和区域经济一体化是世界经济发展的潮流。各国和地区通过参与区域性和全球性的经济交流与合作，推动了生产要素在全球范围内优化配置，并使本国（地区）经济与全球经济网络紧密联系在一起。经济全球化和区域经济一体化也潜藏着巨大的经济风险，并在国际金融危机中得以充分暴露。这场缘于美国"次贷危机"的风暴，正是通过国际贸易、国际投资等传导路径，迅速蔓延到其他国家，演变成全球性的经济金融危机。但是，国际金融危机的发生并不会扭转经济全球化和区域经济一体化趋势，主要原因在于经济全球化和区域经济一体化给各国带来的经济利益远大于风险，此外，危机发生后，各国认识到只有进一步加强合作，相互联手才能抗击金融危机的冲击。所以，国际金融危机带来的经验教训不是反对或停止经济全球化和区域经济一体化的步伐，而是顺应这两大潮流，进一步完善经济合作机制，加强国际间金融监管，防范世界经济运行风险。

作为推动经济全球化和区域经济一体化的重要途径，基于地缘关系的区域性经济合作将在国际金融危机后得以深化。继欧洲地区之后，亚太地区将成为区域经济合作的焦点。亚太地区在全球经济中具有举足轻重的地位，据亚洲开发银行统计，2011 年亚太地区对全球 GDP 总量的贡献率升至 36%。[①]亚太地区的经济合作具有广泛性和多层次性。国际金融危机发生后，亚太地区的经济合作呈现出广泛性、多边性、复杂性的特点：（1）涵盖亚太地区 21 个国家和地区的亚太经合组织（APEC），是亚太地区最重要的对话与合作平台，也是全球最大的区域经济合作组织，在促进亚太地区繁荣、巩固亚太地区在全球经济中的引领地位发挥

---

① 国家金融信息网，http://video.xinhua08.com/a/20120816/1005532.shtml.

了重要作用。2012 年 APEC 会议积极寻求在贸易投资自由化和区域经济一体化、加强粮食安全、建立可靠的供应链、加强创新增长等方面开展合作，并明确提出亚太各经济体应致力于实现共同发展、巩固金融体系稳定和恢复信任。（2）各种次区域、多边、双边合作机制建立，尤其是东亚经济一体化进展迅速，东盟计划 2015 年建成东盟经济共同体，东盟"10+1"、"10+3"成为东亚经济合作的主渠道，中日韩三国自贸区谈判也提上日程。（3）大国积极争夺亚太地区经济合作的主导权。国际金融危机后，亚太地区国家的经济实力此消彼长。美国并不甘心自身实力的下降，在"重返亚太"的战略部署下，积极推行跨太平洋伙伴关系协议（TPP），企图掌握亚太地区经济合作的发言权和制定合作规则的主导权。

台湾曾长期将战略重心放在欧美等中心经济体身上，而在亚太地区的经济整合中处于边缘化状态。如何顺应世界经济重心的转移趋势，从亚太地区尤其是东亚地区的经济整合进程中获得新的经济增长点，是台湾亟待解决的现实问题。

四、"中心经济体"推行"再工业化"战略，台湾的产业升级面临竞争压力

20 世纪 80 年代以来，美国等发达经济体的产业结构经历了"去工业化"的变革。发达经济体将制造业尤其是低附加值的制造环节主要向发展中国家转移，大力发展高附加值的设计研发和品牌管理等环节，并推动向服务型经济过渡。"去工业化"推动形成了发达经济体占据全球价值链高端而发展中国家处于价值链低端的国际分工格局，在这一分工格局中，发达经济体获得了巨大的经济利益，而发展中国家则受到了剥削和压榨。为打破不合理的国际分工格局，一些新兴经济体积极调整经济结构，加快产业升级步伐，努力向全球价值链的高端延伸，使国际分工格局出现了有利于发展中国家的局面。

实践证明，"去工业化"对发达经济体也有损害。它使发达经济体制造业的国际竞争力和出口能力下降，进而影响到其国内就业水平。在"去工业化"进程中，发达经济体出现实体经济衰落和经济虚拟化趋势。当金融衍生品泛滥、金融监管制度缺失致使虚拟经济过度膨胀时，国际金

融危机便不可避免地爆发。国际金融危机的发生，使发达经济体深刻认识到实体经济和虚拟经济失衡的风险。为此，欧美积极推行"再工业化"战略，试图重振实体经济，走出金融危机的泥沼。例如，美国先后推出《重振美国制造业政策框架》《先进制造伙伴（AMP）计划》和《先进制造业国家战略计划》，英国发布《英国先进制造领域一揽子新政策》，法国通过"战略投资基金"向制造业注资，日本发布专题报告《日本制造业竞争策略》和《日本制造业》等等。发达经济体的"再工业化"战略，使国际分工格局的变革进程受到影响。"再工业化"并非简单地在发达经济体恢复传统制造业，而是要发展具有高附加值、高科技含量、依靠创新驱动的高端制造业，如清洁能源、先进汽车、航空航天、生物技术、新一代机器人、先进材料等等。这些制造业恰恰是新兴经济体大力发展并赖以提升其国际分工地位的重点产业，因而，发达经济体的"再工业化"战略将使发达经济体和新兴经济体在先进制造业领域展开激烈的竞争。而发达经济体由于资本、技术等方面的优势，无疑将在竞争中占据主动。此外，与这些先进制造业处于同一产业链而此前已转移至发展中国家和地区的上游产业，基于加强分工协作、形成产业集群的考虑，加上发展中国家和地区存在的劳动力成本和土地成本上升、基础设施不健全等问题，将会产生回流发达经济体的动力。

五、美元霸权地位受到冲击，国际货币体系亟待重建

二战后，布雷顿森林体系确立了美元的国际储备货币地位。布雷顿森林体系瓦解后，美国凭借其强大的经济、政治和军事实力，仍然维系了美元的霸权地位。美元霸权给美国带来了巨大的经济利益，美国可以借发行美元在全球范围内获取国际铸币税收益，通过美元贬值攫取国际通货膨胀税，并将经济风险转移至其他国家。此外，美国还可以依仗美元的霸权地位主导国际经济规则的制定。建立在美元霸权基础上的不合理的国际货币体系，损害了很多国家的经济利益，并成为全球经济失衡的重要因素。[①]在国际金融危机爆发前，美元的霸权地位就已经呈现衰落迹象，美国经济增长乏力、欧元的发行等等，都对美元的霸权地位产

---

① 王道平，范小云. 现行的国际货币体系是否是全球经济失衡和金融危机的原因 [J]. 世界经济，2011（1）：69.

生了影响。国际金融危机发生后，美元的霸权地位受到了进一步的挑战。一方面，美国的经济实力是美元霸权地位赖以维系的基础。国际金融危机使美国经济遭受重大打击，也使美元作为国际储备货币的权威性下降。另一方面，国际金融危机充分暴露了美元霸权对全球经济的危害，无论是发展中国家还是其他发达国家，都意识到改革国际货币体系的重要性。2011 年 4 月金砖国家发表宣言："支持改革和完善国际货币体系，建立稳定、可靠、基础广泛的国际储备货币体系。我们欢迎当前就特别提款权在现行国际货币体系中的作用进行讨论，包括特别提款权一篮子货币的组成问题。"在 2011 年 11 月 G20 戛纳峰会上，胡锦涛指出："应该稳妥推进国际货币体系改革，扩大国际货币基金组织特别提款权的使用，改革其货币组成篮子，建立币值稳定、供应有序、总量可调的国际储备货币体系。" 2013 年 9 月 5 日，习近平在出席二十国集团领导人第八次峰会时提出："要继续加强国际金融市场监管，建设稳定、抗风险的国际货币体系，改革特别提款权货币篮子组成，加强国际和区域金融合作机制的联系，建立金融风险防火墙。"[1]欧盟则提出希望改革当前国际货币体系，以强化国际货币基金组织的经济监管。由于各方经济利益协调的复杂性，国际货币体系的重建将是渐进的过程，其愿景包括：减少对美元的依赖，推动国际储备货币多元化，甚至实现"创造一种与主权国家脱钩、并能保持币值长期稳定的国际储备货币"[2]的理想目标；增加新兴经济体在国际货币基金组织中的发言权；充分发挥国际货币基金组织特别提款权（SDR）的作用，加强国际货币基金组织对货币经济的监管；等等。需要指出的是，由于美国仍是世界第一经济大国，全球也尚未有其他主权货币能与美元完全抗衡，因此，在新的国际货币体系中，美元的霸权地位虽会有所削弱，但短期内并不会终结。

---

① 中央政府门户网站. 习近平出席二十国集团领导人第八次峰会并讲话，2013 年 9 月 6 日，http://www.gov.cn/ldhd/2013-09/06/content_2482279.htm。

② 周小川. 关于改革国际货币体系的思考，中国人民银行网站 2009 年 3 月 23 日，http://www.pbc.gov.cn/publish/hanglingdao/2950/2010/20100914193900497315048/20100914193900497315048_.html。

第三节 台湾经济发展路径依赖的解锁与两岸经济关系发展的历史逻辑

国际金融危机的爆发，给高度依附于中心经济体的台湾带来了经济上的严重冲击，也使台湾经济发展路径依赖的风险与脆弱性得以充分体现。在世界经济体系经历再次调整的形势下，以往的发展路径已无法使台湾获得持续的最大化的经济利益。台湾必须解除路径依赖的锁定状态，积极推动经济发展路径的转型。

台湾在寻求新的经济发展路径时，必须抓住当前世界经济体系变迁的核心要素，也即大陆的经济崛起。自改革开放以来，大陆的经济面貌发生了深刻变化，已从封闭衰落走向繁荣开放，国际经济地位也完全不可同日而语，这是当前世界经济体系变迁所面临的重大而积极的形势变化。在大陆已成为世界经济双循环的连结点的形势下，台湾必须改变自1858年至2008年的150年间依附于欧美等中心经济体的路径依赖，重新建立与大陆地区的密切联系，回归中国经济区，通过参与大陆港澳台经济合作，推动海峡两岸经济一体化。海峡两岸经济一体化就是大陆和台湾通过达成一系列协议，实现互利互惠、协调发展和资源优化配置，最终形成一个相互联系、相互依赖和高度统一的有机整体。从性质上看，海峡两岸经济一体化是"一个中国之内的两个不同的经济体系和两个单独的关税区之间的经济一体化"。[1]从历史角度看，海峡两岸经济一体化是台湾在经济上重新回到祖国怀抱的历史性选择，也反映了台湾"1858年之前依赖大陆——1858年至2008年依赖欧美等中心经济体——2008年之后逐渐回归中国经济区"的历史轨迹。具体而言，深化两岸经济关系、推动两岸经济一体化对于台湾经济发展的作用主要体现在三个方面：

首先，为台湾带来新的发展机遇。在海峡两岸经济一体化的目标框

---

① 曹小衡. 海峡两岸经济一体化的选择与定位 [J]. 台湾研究，2001（3）：27.

架下，台湾与大陆的经济联系日益紧密，两岸共同的经济利益基础也更为稳固。台湾可以抓住大陆的市场机遇和发展潜力，实现自身经济的转型升级，同时可以与大陆建立对外经济政策协调机制，借助大陆在世界经济体系中不断提升的地位和在国际性经济组织中的发言权，为台湾争取更多的国际经济利益，这也是台湾摆脱其路径依赖脆弱性的最优途径。

其次，有利于台湾参与外围经济体内部的循环。在世界经济体系中，台湾无法跻身于中心地位，但与很多其他外围经济体相比，台湾在产业、技术、人才等方面仍具有比较优势。因此，在世界经济体系"中心—外围循环"受到阻滞、"中心经济体"推行"再工业化"战略的形势下，台湾应努力发展与其他外围经济体的经济联系，以投资、贸易等形式参与外围经济体的经济循环，将以往台湾在"中心—外围"循环中的相对低端地位，转变为在外围经济体循环中的相对较高地位，通过发挥比较优势获得更多的经济利益。大陆在参与外围经济体内部循环方面一直发挥了积极的作用，海峡两岸经济一体化将会为台湾搭建参与外围经济体内部循环的桥梁。

最后，推动台湾地区经济关系战略重点从欧美地区转向亚太地区。在亚太地区渐成世界经济重心的发展趋势下，亚太地区的经济整合给台湾在资源配置、产业升级、市场开拓等方面带来了新的机遇与挑战。中国台湾是亚洲"四小龙"之一，也是 APEC 成员，自然不能置身于亚太地区的勃兴之外。大陆在亚太地区具有举足轻重的地位，海峡两岸暨香港、澳门构成的中国经济区更有望成为亚太地区经济发展的重要引擎。积极推动海峡两岸经济一体化，重新回归中国经济区，是台湾摆脱其在亚洲边缘化地位的当然选择。

在 20 世纪 70 年代末期，随着大陆实行改革开放，两岸隔绝 30 年的经济关系开始解冻，而大陆经济的高速发展使两岸经贸往来日益密切。2008 年台湾对大陆的出口比重占 26.2%，大陆已成为台湾最大的出口目的地；此外，大陆还是台湾最大的投资目的地。这表明台湾对大陆的经济已具有较高的依附性，其重要意义在于：这是自 19 世纪 60 年代台湾被卷入资本主义世界经济体系后，再度恢复对大陆的依附关系（1945 至 1949 年台湾经济处于混乱状态，并未形成对大陆的实质依附关系），这也为台湾回归中国经济圈打下了良好基础。

2010 年《海峡两岸经济合作框架协议》（ECFA）的生效实施，标志着两岸经济关系向正常化、制度化、自由化方向迈出了重要一步，对于推动两岸经济一体化具有里程碑意义。但是，我们也应看到，台湾经济发展路径的转型仍会遭遇历史因素的制约。台湾在过去 150 年经济发展中所形成的路径依赖，包含了其特有的面向中心经济体的生产结构、市场体系、生产与技术标准等等。自我强化机制的存在，使得台湾经济仍存在固守以往路径的惯性，难以轻易地对这些旧有的结构、体系进行调整和转换。此外，在依附于"中心经济体"的路径中所产生的利益团体（如相关的生产企业、贸易商、中介机构等），甚至有可能成为路径转型的阻力。因此，台湾经济发展路径转型的实现，取决于两个方面的因素：一是市场机制的作用能为新的路径带来正的经济利益。两岸经济一体化如果能持续为台湾带来切实的经济利益，那么台湾就有进入新的发展路径的动力。ECFA 实施三年多来，已为台湾带来了巨大的经济与社会效益。如果两岸继续开展后续协议的谈判，进一步加强两岸经济合作，就会让两岸人民尤其是台湾人民分享到两岸经济一体化的更多成果。二是台湾经济主管部门的政策引导。台湾有关方面应主动适应世界经济体系的变迁趋势，因势利导地制定相关政策，为台湾参与两岸经济合作以及外围经济体的循环清除制度上的障碍，减轻旧有结构和体系调整的风险和不确定性，并尝试建立路径转型的利益补偿机制，推动台湾经济走上新的可持续的发展路径。

下　篇

第五章　两岸经济关系发展的阶段特征

在世界经济体系变迁过程中，两岸经济关系经历了复杂而深刻的变化。1978 年以来两岸经济关系逐渐有所恢复，不过此时两岸经济关系的发展仍处于自发状态，直到 2008 年两岸经济合作进入制度化的协商阶段，两岸经济关系才走向正常化。这也为台湾摆脱传统的经济发展路径依赖提供了有利条件。

第一节　两岸经济关系发展概况

关系是人与人之间或事物与事物之间相互联系、相互影响的状态。经济关系是人们在经济活动中形成的关系。胡家勇（2005）认为，经济关系"一种是指生产关系，即人们在生产劳动过程中所形成的社会关系，核心是经济利益关系；另一种是泛指人类社会生产活动中的各种相互关系，除包括生产关系的含义外，还包括各种经济变量间相互变动的关系"[①]。与此相对应，区域经济关系就是不同区域之间的经济关系。大陆地区和台湾地区都是中国的一部分，因此在性质上看，大陆和台湾的经济关系是中国内部两个经济体（单独关税区）之间的经济关系，属于区域经济关系范畴。

在世界经济体系形成之前，两岸经济关系较为紧密。虽然当时两岸基本上处于自然经济状态，但台湾对大陆经济仍有较强的依赖性。随着世界经济体系的萌芽和形成，遭受列强侵略的台湾，与大陆的经济关系逐渐疏离。1945 年台湾回到祖国怀抱，两岸的经济关系有所恢复，但由于战后的混乱，当时两岸经济并未建立密切的良性互动关系。自 1949

---

① 中国社会科学院经济研究所.现代经济词典［M］.南京：凤凰出版社，江苏人民出版社，2005年，第 548 页.

年国民党赴台后，由于两岸政治关系的僵化以及军事对峙局面的出现，两岸间的经济关系基本中断。1978年，大陆开始改革开放，两岸关系逐渐解冻，中断了30年的两岸经贸往来也有所恢复。

由于两岸在政治上的隔阂，1978年至2008年之间两岸经济关系的发展基本处于自发的状态。台湾在李登辉执政时期的"戒急用忍"政策以及民进党执政时期的"台独"立场，阻碍了两岸经济关系的发展，也为两岸建立并维持正常的经济合作协商机制带来了困难。尽管两岸有关部门分别出台了涉及两岸经济关系发展的政策措施，但并没有在经济决策层面建立两岸间的紧密联系。因此，两岸经济关系的发展主要体现为企业和民众之间交流的日益频繁，具体而言，就是两岸贸易与投资活动的开展。

第二节　两岸贸易往来

从1978年至2010年签署前，根据政策的开放度以及合作的水平，两岸贸易合作主要经历了四个阶段：

第一阶段：1978年至1992年，两岸贸易合作处于起步阶段，主要表现在两岸贸易政策开始逐渐放开但仍存在很多限制，两岸贸易的金额不高且主要是转口贸易。

1978年，台湾对大陆无出口记录，但是从大陆进口0.5亿美元的商品[①]，开启了两岸的贸易合作之窗。1979年，台湾开始向大陆出口商品，并且延续至今实现了对大陆的贸易顺差。到了1992年，两岸的贸易水平初具规模，台湾对大陆出口增长较快，达62.9亿美元，进口则小幅增长，达11.2亿美元，贸易顺差为51.7亿美元。

在此阶段，台湾方面对两岸间的贸易往来虽然有所放松，但仍进行了严格的限制。1985年7月台湾当局宣布了禁止与大陆直接通商、厂商不得与大陆之机构或人员接触以及对转口贸易不予干预的三项原则，这

---

① 如无特别说明，本节关于两岸贸易往来的数据均来自中国海关统计资讯网。大陆和台湾的统计部门关于两岸贸易往来的统计口径不同，因此本节的部分贸易数据与其他章节有所不同。

就使得两岸的转口贸易取得了"合法"地位。1988 年台湾当局核准相关管理部门提出的《处理海峡两岸间接贸易建议案》，明文规定"出口产品经第三国转运至其它国家或地区，政府在事实上无法管制，因此不加限制"，进一步承认了两岸间的转口贸易行为。同年 9 月，台湾当局原则同意两岸货物经第三地区海港转口时，可以免除再装卸手续，但不得直航。

与台湾方面不同的是，大陆积极鼓励两岸间进行贸易往来。1979 年 5 月大陆规定对台贸易由大陆有关贸易机构对台湾厂商、企业机构直接进行，或由港澳同胞、海外侨胞居间进行。为了进一步发展对台贸易，扩大自台进口，1985 年 7 月大陆简化了自台进口审批手续，对于通过转口贸易进口的台湾产品，视同一般贸易，无需再报原外经贸部专项批准。

第二阶段：1992 年至 2002 年，两岸贸易合作处于发展阶段，主要表现在两岸经济的发展使得两岸贸易往来日渐频繁。

在此阶段，大陆经济快速增长，两岸民间的经济联系不断加强，岛内企业迫切希望能充分开发利用生机无限的大陆市场。为此，台湾当局放宽了两岸的贸易往来，特别是台湾商品对大陆的出口限制。1992 年台湾当局公布《台湾地区与大陆人民关系条例》，为台湾方面同大陆进行贸易往来提供了相关规定制定的依据。1992 年 10 月，台湾方面允许其"公营"事业比照民营企业对大陆输出货品，从而解除了"公营"、事业对大陆出口的禁令。由于政策的放宽，台湾对大陆的出口迅速增加，由 1992 年的 62.9 亿美元迅速攀升至 1993 年 129.3 亿美元，到 2002 年则增至 380.8 亿美元。

对于大陆商品输台，台湾方面给予了极为有限的开放，并于 1998 年 4 月起对大陆农产品的进口改采负面表列，但总体上仍管制很严。1993 年台湾自大陆的进口额为 14.6 亿美元，到 2002 年达到 65.9 亿美元，虽然增长较快，但与台湾对大陆出口的差距越拉越大，从 1993 年的 48.3 亿美元增至 2002 年的 314.9 亿美元，两岸贸易往来的这种不对称局面一直持续到今天。

这一阶段两岸经贸关系的快速发展引起了"台独"倾向日益明显的李登辉当局的忧虑。1996 年李登辉抛出"戒急用忍"的两岸政策主张，企图对两岸的经贸往来进行限制，该政策也一直延续到陈水扁执政初期。

第三阶段：2002 年至 2008 年，两岸贸易合作处于深化阶段，主要表现在两岸开始在 WTO 框架下开始进行直接贸易往来。

2001年底和2002年初，大陆与台湾先后加入 WTO，为两岸的经贸交流带来了契机。根据 WTO 的相关规定，两岸的关税将大幅下降，市场也将进一步开放，这就为两岸的产品进入对方市场提供了更加自由和便利的环境。迫于新的形势压力，台湾当局以所谓"积极开放、有效管理"取代以往"戒急用忍"政策，对两岸的经贸往来进行松绑。2002年1月，台湾当局开放两岸直接贸易，允许双方直接签订贸易合同，扩大开放大陆农工产品进口，并放宽大陆人士来台从事经贸活动。但是当时台湾执政的陈水扁当局在两岸政策问题上多次反复，并暴露其"台独"本性。2006年陈水扁宣布两岸政策由"积极开放、有效管理"向"有效开放、积极管理"转变，企图对两岸经贸交流进行收缩。同时台湾当局罔顾岛内民意以及大陆方面的努力，蓄意阻扰两岸"三通"（即通邮、通商、通航）的实现。

尽管当时的台湾当局意图对两岸贸易往来施予重重限制，但在 WTO 框架下两岸民间的贸易合作仍取得了较大突破。2003 年台湾对大陆出口达 493.6 亿美元，自大陆进口 90 亿美元，实现贸易顺差 403.6 亿美元，分别是 2002 年的 1.3 倍、1.4 倍和 1.3 倍。

第四阶段：2008 年至 2010 年，两岸贸易合作进入制度化阶段，主要表现为两岸恢复制度化协商机制，"三通"终于实现。

2008年两岸关系发生重大历史性转变。台湾局势出现积极变化，一直阻扰两岸经贸交流的民进党下台，国民党重新上台执政。6月，海协会和海基会两会领导人近十年来的首次会谈，标志着中断九年多的两会制度化协商正式恢复。12月，两岸实现全面、直接、双向的"三通"，不仅给双方带来直接的经济利益，而且对于进一步密切两岸同胞往来、拉近两岸同胞的感情距离、加强两岸同胞的交流与合作具有重要意义。更为重要的是，两岸制度化协商的恢复为 ECFA 的签署提供了契机和必要条件，是两岸经济合作向后 ECFA 时期过渡的重要转折点。

从规模来看，由于受金融危机的影响，2008 年至 2009 年两岸间的贸易水平有所下降。2009 年台湾对大陆出口 857.2 亿美元，同比下降 17.1%，自大陆进口 205.1 亿美元，同比下降 20.8%。但是随着两岸联手对抗金融危机，加上两岸关系处于良性发展的大好局面，两岸贸易额在 2010 年上半年已有强劲反弹。2010 年 1 月至 6 月，台湾对大陆出口 557.2 亿美元，同比增长 60.2%，自大陆进口 136.5 亿美元，同比增长 65.5%。

第三节　两岸投资合作

在 2009 年 6 月台湾正式开放"陆资入台"之前，两岸的投资合作呈现出明显的单向格局，即基本上是台商在大陆投资，而陆资则无法入台。根据不同时期台商在大陆投资的不同特点，可以将两岸投资合作划分为三个阶段：

第一阶段：从 20 世纪 70 年代末至 80 年代中后期，以台湾劳动密集型产业向大陆珠三角地区投资为主要特征。

20 世纪 80 年代中后期是台湾经济从工业化阶段转入后工业化阶段的过渡期，工业生产处于成长与困境的双重夹击。由于台湾地区工资、地价等生产要素成本大幅度上升以及劳动保护、环境保护意识的提高，昔日推动经济成长的传统产业经营环境恶化，制造业附加值率下降，工厂大量关闭歇业。以纺织服装、鞋帽箱包为代表的劳动密集型产业难以在岛内继续生存，急需寻找新的承接地。

与此同时，大陆方面正处于改革开放初期，对广东、福建两省实行"特殊政策，灵活措施"，并决定在深圳、珠海、汕头、厦门创办"出口特区"。一系列优惠政策及大陆方面廉价的劳动力与成本优势，吸引了正寻求对外转移的台资企业。由此，台湾劳动密集型产业、低端制造业等以中小企业为主体的传统产业大举外移，生产基地逐渐转向大陆的东南沿海地区。投资形态以单纯的租用厂房、进口设备、原材料等进行简单装配加工制造为主，这也为岛内传统产业顺利升级、高科技等新兴产业迅速发展创造了有利条件。

除了劳动力成本的因素外，珠三角地区承接台湾劳动密集型产业的优势还在于临近出海口和香港，便于发展出口贸易。许多台商将珠三角作为加工出口基地，以"台湾接单、大陆生产、香港转口、海外销售"的模式，转移岛内的夕阳产业，即劳动密集型产业。到 20 世纪 80 年代末，大陆台资企业约有 1000 多家，投资总额超过 10 亿美元。

第二阶段：20 世纪 90 年代至 21 世纪初，以台湾资本、技术密集型产业向大陆长三角地区投资为主要特征。

以 1992 年邓小平南行讲话和中共十四大确立社会主义市场经济发展方向为契机，台湾在"求发展、逐利润"动机的促进下，采取各种不同方式，扩大对大陆的投资。

随着时间的推移和台湾产业转型的展开，岛内以电子信息产业为核心的高科技产业已发展到世界领先水平。然而，受到岛内市场及生产体系规模较小、人力资源不足、综合成本较高等因素制约，不能够充分发挥已有的产业优势。台湾的科技产业要实现进一步提升，就必须与内销市场庞大、人力资源丰富的大陆市场相结合。因此，岛内资讯科技、半导体、笔记本电脑、手机、电信设备等高技术产业陆续向大陆转移。与前一阶段有所不同，本轮实施产业转移的台资企业，在投资形态上逐渐转变为自拥资金、生产设备、购买厂房及土地使用权等"生根"式的长期营运方式，投资年限逐渐延长。因此，在选择承接地时，更注重考察当地整体投资环境及中央的发展战略规划。浦东新区是继东南沿海经济特区之后，大陆改革开放的又一重点。依靠长期积聚的经济和社会文化基础，独特的地理优势、交通优势、人才优势和产业优势，以及政通人和的社会环境，上海吸引了台湾大量电子信息企业在此集聚，成为第二波台湾产业转移的最主要承接地。

第三阶段：2008 年以来，两岸产业合作向新兴绿色产业及现代服务业转变，以天津滨海新区为核心的环渤海地区将成为台资企业的重要承接地。

2008 年，国民党重新执政后，海峡两岸迎来了"大三通"时代，大大降低了两岸产业对接的交易成本。加之两岸 ECFA 即将签署的良好预期，使得两岸产业合作进入一个跨越提升的新发展阶段。从产业上看，由于大陆经济结构的调整和产业的转型升级，新兴绿色产业及金融保险等现代服务业成为两岸经济合作的重点，从地域上看，由于滨海新区作为大陆当前及未来经济发展的重要增长极，因此台商在大陆的投资开始向以滨海新区为核心的环渤海经济圈转移。

第六章　两岸经济合作

两岸经济合作与两岸经济关系相辅相成、相互促进。一方面，深化两岸经济合作是推动两岸经济关系发展的重要途径。另一方面，两岸经济关系的发展可以为两岸经济合作提供有力的保证。在世界经济体系面临新的变革和调整的形势下，只有深化两岸经济合作，才能促使台湾从以往的经济发展路径依赖中"解锁"，形成依附于大陆的新的经济发展路径，进而参与世界经济体系的运行并提高自身在世界经济体系中的地位，以带动台湾经济的可持续发展。

第一节　两岸经济合作的内涵

一、区域经济合作的概念

合作（Cooperation）是指双方或多方为了达到共同目标而相互配合的行为，它不是建立在压制或强迫之上的，而是以成员的共同意志为合法基础的（多尔蒂、普法尔茨格拉夫，2003）。[①]经济合作则是合作行为在经济领域的延伸。孙久文、叶裕民（2003）认为，经济合作是"不同地区的经济主体，依据一定的协议章程或合同，将生产要素在地区之间重新配置、组合，以便获取最大的经济效益和社会效益的活动"。[②]

经济合作行为可以发生在一个国家内部的不同地区之间，此时的经济合作属于国内的区域经济合作，例如我国京津冀地区之间的经济合作。当经济合作行为超越国家界限，发生在不同的国家或地区之间时，便产生了跨国性的国际经济合作，例如中国与美国之间的经济合作。李小北

---

① 多尔蒂，普法尔茨格拉夫. 争论中的国际关系理论（第五版）[M]. 北京：世界知识出版社，2003 年，第 543 页.
② 孙久文，叶裕民. 区域经济学教程 [M]. 北京：中国人民大学出版社，2003 年，第 164 页.

和小野寺直（2003）将国际经济合作定义为"不同主权国家政府、企业及国际经济组织之间为了共同的利益，通过竞争与协调，在平等互利基础上，侧重在生产领域，以生产要素的移动和重新组合配置为主要内容而开展的经济协作活动"。[①]

当研究国际上某一特定区域内（例如东亚地区、南美地区等）若干国家或地区之间的国际经济合作时，一般也使用区域经济合作的概念，此时的区域经济合作是指跨国（地区）的经济合作。很多学者所归纳的跨国（地区）性的区域经济合作的定义与国际经济合作并无明显区别，如姜运仓（2008）、傅梅冰（1993）等。事实上，区域一词包含了"有限的空间范围"的意思，虽然没有严格的范围，但"实际应用时常以行政区划界限为界限"（郝寿义、安虎森，2004）[②]。跨越国界的区域经济合作与国际经济合作既相互联系，也有所不同。一方面，区域经济合作属于国际经济合作的范畴，所以关于国际经济合作的理论一般都适用于区域经济合作；另一方面，区域经济合作具有一定的地理空间内涵，本书所指的区域经济合作是特指地理位置临近的国家或地区之间开展的经济合作。由于地理位置的远近对国家或地区之间的要素与资源流动会产生不同的影响，因此与国际上任意两国或地区之间的经济合作相比，区域经济合作有其自身的特点。此外，由于国际上各个区域内的经济发展水平、要素资源丰裕程度等存在差异，不同区域的经济合作在内容、方式、成效等方面也有所不同。

除了国内的区域经济合作、国际经济合作以及跨国（地区）的区域经济合作外，还存在一种特殊的经济合作。当同属一个国家但处于分裂状态的不同地区之间进行经济合作时，便形成了跨境的区域经济合作。从性质上看，这些处于分裂状态的地区仍是同一个国家的领土，因此这种跨境的区域经济合作属于国内的经济合作。但是从特征来看，这些分裂的地区属于不同的关税区，并且能完全独立地制定及实施各自的经济政策，因此这种跨境的区域经济合作与一般的国内区域经济合作存在明显差异性，而与国际经济合作、跨国（地区）的区域经济合作具有较强的相似性。

---

① 李小北，小野寺直. 国际经济合作 [M]. 北京：经济管理出版社，2009 年，第 1 页.
② 郝寿义，安虎森. 区域经济学 [M]. 北京：经济科学出版社，2004 年，第 3～8 页.

随着各国经济的发展和国际分工的深化，区域经济合作的进程正不断加快，区域经济合作的方式也在不断创新，以更好地提高生产要素在区域间的配置效率，实现合作各方经济利益的最大化。目前区域经济合作的方式主要包括投资合作（含国际直接投资 International Direct Investment，国际间接投资 International Indirect Investment）、贸易合作（含加工贸易 Processing Trade，补偿贸易 Compensation Trade，服务贸易 Service Trade）、技术转让（Technology Transfer）、国际租赁（International Leasing）、国际工程承包（International Project Contracting）、国际发展援助（International Development Assistance）等（湛柏民，2007；黄汉民，2007）。[①]

二、两岸经济合作的概念

当前两岸经济合作属于跨境的区域经济合作，也就是作为中国主体的大陆地区与作为中国单独关税区的台湾地区之间的经济合作，即中国大陆地区与境外的中国台湾地区的经济合作。鉴于当前两岸关系的特殊性，本文在研究中将两岸经济合作的性质归纳为一个国家内部的经济合作，但在具体研究过程中主要采用国际经济合作、跨国（地区）区域经济合作的研究方法和理论。

20 世纪 70 年代末，已经隔绝了 30 年的大陆与台湾开始进行经济层面的交流与合作。随着合作规模的不断扩大和两岸经济关系的日益密切，两岸学者主要对两岸经济合作的动因进行了深入的探讨。学者的分析角度主要有两个，一是经济角度。庄宗明（2008）[②]从区域经济一体化的视角探讨了发展两岸经济合作的重要性。认为自亚洲金融危机之后，东亚经济一体化逐渐取得一些实质性进展。作为东亚重要的经济体，台湾长期游离于东亚的经济合作进程之外，面临被区域经济合作边缘化的危险，这对台湾经济的发展十分不利。台湾只有借助大陆经济发展的平台，与大陆进一步发展经济合作关系，并使之规范化和制度化，才能更好地参与区域经济一体化进程，摆脱当前的经济困境。毛新斌（2000）[③]从两岸经济互补性的角度分析了两岸经济合作的必要性，认为近年两岸经

① 湛柏明. 国际经济合作 [M]. 上海：复旦大学出版社，2007 年，第 3～8 页.
② 庄宗明. 从经济全球化视角看两岸经济合作 [J]. 两岸关系，2008（7）：28～29.
③ 毛新斌. 经贸交流对两岸经济发展影响的比较分析 [J]. 台湾研究，2000（4）：9.

贸交流日益密切的根本原因在于两岸经济具有较强的互补性，主要体现在：第一，两岸在产业结构方面具有互补性。大陆仍处于工业化进程中，工业门类较为齐全，而台湾的第二产业和第三产业有一定优势，并已完成工业化进程。第二，两岸在资本投资方面的互补性。大陆的经济发展需要大量资金支援，而台湾的资金相对充裕，需要寻找新的投资场所。第三，两岸在贸易方面的互补性。大陆处于以初级产品为主的出口结构阶段，而台湾主要集中于劳动密集型制成品和资本密集型产品的出口。两岸经济的互补性是两岸经济合作的有利条件，也是两岸关系发展的客观经济基础。二是政治角度。李非（2000）[①]分析了两岸经济合作对两岸关系及国家统一的战略重要性，认为在大陆"和平统一，一国两制"的战略架构下，加速发展两岸经济合作，建立两岸间相互沟通、相互协调的产业分工体系，不仅有利于促进两岸的相互交往与沟通，增加民众的互信与了解，而且有利于缩小两岸经济差距，增进台湾同胞对祖国大陆的认同感。李非进一步认为，两岸迅速发展的经济合作关系，有利于进一步密切两岸经济联系，增强大陆市场对台商的吸引力，加深台湾对两岸经贸的依赖度，从而为祖国和平统一大业奠定坚实的经济基础。

第二节　两岸经济合作的经济利益

经济利益是指在一定的社会经济形式下，经济活动的主体对日益增长的经济需要的满足（余明勤，2004）[②]。一个国家或地区的经济利益是这个国家或地区所有经济活动主体的经济利益的总和。一般来说，经济活动的主体主要包括政府、企业和居民，因此一个国家或地区的经济利益主要由政府的经济利益、企业的经济利益和居民的经济利益构成。其中，政府的经济利益主要体现在：维持稳定的经济运行态势（包括经济增长、充分就业、价格稳定和国际收支平衡），获得较高的税收，等等；企业的经济利益主要体现在：具有公平的市场进入和市场竞争机会，享

---

① 李非. 论 21 世纪初两岸经济合作发展趋向 [J]. 台湾研究集刊，2000（1）：8.
② 余明勤. 区域经济利益分析 [M]. 北京：经济管理出版社，2004 年，第 26 页.

有自由获取生产资料和销售产品的权利，获得符合预期的盈利水平和发展空间，企业的生产经营权得到法律的有效保护，等等；居民的经济利益主要体现在：拥有与个人付出（包括劳动付出、精神付出、资本付出等）相适应的收入水平，具有更多的就业机会和更好的工作条件，获得更多的满足自身需要的商品和劳务，享受更高的福利水平，等等。如果政府能有效行使自身的职能，坚持维护和反映企业、居民的利益要求，那么政府的经济利益就与企业、居民的经济利益一致。

当不同国家或地区的经济活动主体超越国家或地区界限，相互间进行经济合作时，这些国家或地区将形成对外的经济利益关系。各国或地区参与经济合作的目的是为其自身获得更多的经济利益，如果合作能为所有参与方都带来一定的经济利益，那么这些国家或地区就存在进行经济合作的利益基础。

一、两岸经济合作中经济利益的重要性

经济利益在两岸经济合作中扮演重要角色，它不仅是台湾方面愿意推动两岸经济合作的根本原因，也是大陆各种要素资源参与经济合作的动力源泉。

首先，经济利益成为两岸经济合作的基础。经济合作归根到底是资本、劳动、土地等生产要素的自由流动和重新组合，只有存在经济利益并能使之最大化，这些要素才有可能实现最优配置。特别是对于大陆来说，如果台湾的企业、居民等经济活动主体无法从经济合作中获得经济利益，那么他们将失去参与经济合作的动力，因此在阶段性的经济合作中必须有经济利益的激励和引导，才能使两岸尤其是台湾的经济活动主体能自觉参与两岸经济合作并确保这种合作能得以延续。

其次，经济利益成为两岸选择经济合作领域和项目的标准。长期以来两岸经济发展的轨迹不同，因此两岸经济具有各自的比较优势和较强的互补性，大陆的劳动、土地等要素资源相对充裕，而台湾的资本、技术及知识等要素资源相对充裕，如果两岸发挥各自的比较优势，加强彼此间的经济合作，那么双方都能从中获得比较利益（毛新斌，2000）[①]，

---

① 毛新斌. 经贸交流对两岸经济发展影响的比较分析 [J]. 台湾研究，2000（4）：9.

所以两岸应根据比较优势原理，从两岸经济的现实需要出发，优先选择能为双方带来经济利益的领域或者项目进行合作。

最后，经济利益成为两岸推动经济合作的决策依据。在完全的市场机制下，两岸需根据经济活动主体的需要，选择制定相应的政策措施，为两岸经济合作提供必要的服务平台。这些选择常常受到各种因素（包括各自的经济发展状况、政治与社会形势、突发事件以及国际情势等）的制约，因此需要两岸做出理性判断。两岸应在对国际形势和内部因素进行综合考量的基础上，优先选择能为双方都带来最大经济利益的政策。

二、两岸经济合作中经济利益的存在

"一个经济体从另外一个经济体的繁荣与开放中获得利益是经济发展自然的规律。"（孙震，2010）[①]同其他国家或地区的经济合作一样，两岸经济合作也存在共同的经济利益基础，即两岸经济活动的主体旨在通过经济合作能为自己带来更多的经济利益。由于两岸经济合作主要是通过贸易和投资的方式进行，因此分别存在贸易合作与投资合作的显性利益。本书以贸易合作为例，分别从福利角度和经济增长角度考察两岸经济合作给台湾带来的经济利益。

（一）福利角度

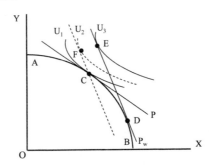

图 6.1　两岸经济合作的显性利益（福利角度）

以台湾地区为例，我们可以利用国际贸易的一般原理来分析两岸经济合作给台湾带来的显性利益。

---

① 孙震. 经济合作框架协议与两岸经贸关系[C]. 第三届津台投资合作洽谈会——台资企业发展论坛论文集，天津，2010：2.

在图 6.1 中，假定台湾和大陆都生产 X 和 Y 两种产品，曲线 AB 表示台湾的生产可能性边界。在台湾与大陆存在贸易合作关系之前，台湾是在封闭的状态下进行生产和消费[①]，此时 X 和 Y 的相对价格水平为 p（等于 P_X/P_Y），生产和消费的均衡点为相对价格曲线 P 与 AB 的切点 C，相应地，台湾的福利水平可以通过与 AB 相切于 C 点的无差异曲线 U_1 所代表的效用水平来表示。在两岸开始贸易往来之后，由于大陆和台湾产品的价格不同，因此台湾将面对新的相对价格水平 p_w（等于 P_X^W/P_Y^W），此时台湾的生产均衡点移动到 D 点，即新的相对价格曲线 P_w 与 AB 的切点。在 D 点，台湾生产的产品组合为（D_X，D_Y），相比于 C 点的生产组合（C_X，C_Y），$D_X > C_X$，$D_Y < C_Y$，也就是说，两岸在进行贸易合作后，台湾某些产品的生产会增加，而另外一些产品的生产会减少。这样虽然台湾整体上生产效率有所提高，但对于台湾的生产者来说会存在两种不同的影响，一些产品会因价格相对较低而出口到大陆，其产量会有所增加，并会给此类产品的生产者带来利益，而另外一些产品，由于面临来自大陆的价格相对低廉的进口商品的竞争，所以其产量会有所下降，这就会给此类产品的生产者带来一定的压力和利益损失。

当生产均衡点移至 D 点时，新的消费均衡点则移至 P_w 与无差异曲线 U_3 的切点 E，U_3 代表了两岸进行贸易合作后台湾的效用水平，很显然，U_3 的效用水平要大于 U_1，表明台湾从两岸贸易合作中获得了利益。当然，从 U_1 到 U_3 反映的是台湾总体效用水平的提高，并不意味着台湾每个居民都能从中获益。

据上述分析，两岸贸易合作会有利于提高台湾的整体利益，但就个人或单个企业来说，既可能从中受益，也可能会受遭到一定的利益损失，所以撇开政治方面的因素，我们可以看到台湾部分行业的从业者对两岸贸易合作持有怀疑和担心态度是存在经济利益上的客观原因的。不过，两岸贸易合作的实际情形降低了台湾民众的忧虑。长期以来，两岸的贸易合作都受到政策上的约束。随着大陆对台湾逐步放开市场，台湾多数

[①] 为简化问题，此处不考虑大陆与第三地的贸易合作。

产品已能出口到大陆，而大陆对台湾的出口仍有严格的政策限制，因此台湾相对多数的产品的产量会有所增加，并从中获得更多的利益，只有非常少的一部分产品可能会由于大陆更为廉价商品的进入而遭受一定的损失。

类似地，我们也可以分析大陆从两岸经济合作中获得的显性利益及其分解出的交换利益和专业化利益，而且我们同样可以得出结论：整体上看，两岸贸易合作给大陆带来了利益，具体而言，大陆既会有厂商和民众从中获利，也有部分可能会因而受损。

（二）经济增长角度

两岸贸易往来在经济增长方面的推动作用可以用净出口对经济增长的贡献率和贡献度来衡量。

对于国民收入恒等式 $Y = C + I + G + NX$，净出口 NX 对经济增长的贡献率是净出口增量占国民收入增量的比重，即 $\dfrac{DNX}{DY} \times 100\%$，表示净出口对国民收入增长贡献百分之多少。净出口 NX 对经济增长的贡献度是净出口增量对国民收入的比值，即 $\dfrac{DNX}{Y} \times 100\%$，也就是贡献率 $\times \dfrac{DY}{Y}$，表示净出口拉动经济增长几个百分点。根据上述定义，可以求出两岸贸易往来对各自经济增长的贡献水平。

表 6.1（见下页）列出了 2000 年至 2009 年两岸贸易合作（以两岸贸易的净出口额表示）对台湾经济增长的贡献率和贡献度。从表中可以看出，2000 年至 2009 年之间，台湾历年经济增长的平均水平为 3.4 个百分点，其中两岸贸易合作对台湾经济增长贡献了 37.5% 的平均水平，拉动了台湾经济增长 1.7 个百分点，充分说明两岸贸易合作已成为推动台湾经济增长的重要力量。

表6.1 两岸贸易合作对台湾经济增长的贡献率和贡献度（2000～2009 年）

年份	经济增长率	对台湾经济增长贡献率	对台湾经济增长贡献度	年份	经济增长率	对台湾经济增长贡献率	对台湾经济增长贡献度
2000	5.80%	26.11%	1.51%	2005	4.70%	42.84%	2.01%
2001	-1.65%	-66.32%	1.09%	2006	5.44%	43.63%	2.37%
2002	5.26%	66.02%	3.48%	2007	5.98%	46.09%	2.76%
2003	3.67%	87.44%	3.21%	2008	0.73%	16.53%	0.12%
2004	6.19%	47.80%	2.96%	2009	-1.93%	64.71%	-1.25%

资料来源：根据台湾行政主管部门中国（大陆）网站数据、大陆《统计年鉴》数据计算。

备注：由于贡献率和贡献度均以实际值计算，因此此处对台湾的 GDP、对大陆出口以及自大陆进口数据分别按台湾 GDP 平减指数、出口物价指数和进口物价指数进行平减。

三、两岸经济合作中经济利益的特性

两岸经济合作中的经济利益有其自身的特性，主要表现在以下三个方面：

第一，对经济利益的追求是一切经济活动的共同出发点。经济利益促进企业发展生产，激励劳动者从事劳动，是人们从事一切社会经济活动的最根本的动力，马克思（1842）曾经指出人们奋斗所争取的一切都同他们的利益有关。[1]可以说，一切经济关系在实质上都是经济利益关系（洪远朋，1999）。[2]在西方新古典经济学理论体系中，经济活动的主体被假定为经济人，即具有完全的理性，并努力使自己的利益最大化。不过由于人们在决策时面临的是复杂的外部环境，难以获得完全的信息、技术等的支持，因此，人的行为"既是有意识地理性的，但这种理性又是有限的"[3]。在有限理性条件下，人们虽然存在追求经济利益最大化的动机，但实际上是以"令人满意的"或"足够好的"为标准（西蒙，

① 马克思恩格斯全集（中文版）[M]. 北京：北京人民出版社，第1卷，1956年版，第82页.
② 洪远朋. 经济利益关系通论 [M]. 上海：复旦大学出版社，1999年，第24页.
③ 阿罗. 社会选择与个人价值 [M]. 陈志斌等译. 成都：四川人民出版社，1987年.

1947)。①按此理论，参与两岸经济合作的经济活动主体以满意为原则来衡量所获得的经济利益。

第二，对经济利益的追求是所有区域经济合作的共性目标。区域经济合作的前提是合作的各方存在共同的目标。在当今世界，各国或地区都将重心放在发展经济方面，国际间竞争的实质也是以经济和科技为基础的综合国力的较量，因此在国际交往活动中各国或地区都以维护和获取经济利益作为自身行为的准则。相应地，对经济利益的追求也就成为各国或地区进行经济合作的共同目标，例如东盟各成员国之间的经济合作即以"实现商品服务和投资自由流动"、"消除贫困，缩小贫富差距"、"构建稳定、繁荣和统一的东盟市场和生产基地"等为宗旨。同世界上其他国家或地区之间的经济合作一样，大陆与台湾的经济合作也存在对经济利益的追求，与这种共性相对应的是，两岸在协商经济合作议题、制定相关政策时必然会参考其他地区在推行经济合作时所采取的模式、步骤，等等。

第三，对经济利益的追求是两岸双方公开的、显见的意思表达。大陆方面，2008 年 4 月，胡锦涛在亚洲博鳌论坛会见萧万长时曾指出，两岸经济合作是"增进两岸同胞福祉、扩大两岸共同利益的有效途径"，此为大陆方面对两岸经济合作在促进和实现双方经济利益上所起作用的高度肯定。同年 12 月，胡锦涛在纪念《告台湾同胞书》发表 30 周年座谈会上明确提出："我们期待实现两岸经济关系正常化，推动经济合作制度化，为两岸关系和平发展奠定更为扎实的物质基础、提供更为强大的经济动力。两岸可以为此签订综合性经济合作协议，建立具有两岸特色的经济合作机制，以最大限度实现优势互补、互惠互利。" 2013 年，习近平总书记在会见宋楚瑜时强调"经济融合有利两岸互利双赢"，并表示大陆"将深入了解台湾民众尤其是基层民众的现实需求，采取积极有效措施，照顾弱势群体，使更多台湾民众在两岸经济交流合作中受益"。对于两岸签署的 ECFA，国台办多次强调 ECFA 所带来的经济利益，认为 ECFA "对两岸经济发展有利，对台湾同胞有利"，将会"为两岸人民谋得更多和更实在的利益"。台湾方面，2010 年马英九在台湾"与民有约"两岸

---

① 西蒙. 管理行为［M］. 北京：机械工业出版社，2008 年 5 月.

经济协议座谈会上也表示，两岸经济合作是"为台湾的未来发展着想，这条路是必由之路，否则台湾的经济将会萎缩"，表明台湾当局将两岸经济合作视为帮助台湾摆脱经济困境、促进台湾经济发展的重要途径。两岸对于通过经济合作以促进经济发展的公开表态，实际上是向两岸人民强调双方进行经济合作是互利双赢的，以增强两岸人民对经济合作的支持。

四、经济利益与两岸关系发展的经济基础

追求经济利益将会在两岸间形成新的经济利益关系，这属于经济基础的范畴，实现两岸关系发展是要使两岸形成新的政治法律关系，这属于上层建筑的范畴。通过两岸经济合作追求经济利益和实现两岸关系发展，在本质上就是试图寻找合适的路径，在两岸建立一定的经济基础，并根据经济基础的要求构建与之相适应的上层建筑。

经济基础即社会的经济结构，是由一定发展阶段的生产力所决定的占统治地位的生产关系的总和。两岸经济合作所要建立的经济基础，就是两岸经济活动的主体在经济合作过程中所形成的以经济利益为核心的各种社会关系的总和，主要包括三个方面：（1）对两岸生产要素的占有、支配和使用关系。经济利益最大化要求生产要素能在两岸间自由流动，以实现资源的优化配置，因此两岸相关经济活动主体在法律框架内应该能自由支配和使用自身所拥有的生产要素，或者通过权利的转让使其他的经济活动主体获得相应的支配权和使用权。（2）产品分配和利益分配关系。两岸各经济活动主体对生产要素的占有、支配和使用权决定了其在产品和利益分配中的地位，反过来，各经济活动主体为获得更多的产品和经济利益，必然会努力寻求获得对两岸生产要素的占有、支配和使用权。（3）两岸经济活动的主体之间的依赖关系和社会地位，这是由生产要素的占有、支配和使用关系，以及产品分配和利益分配关系所决定。如果两岸间的生产要素能自由流动，产品和经济利益能公平、合理分配，那么两岸的经济活动主体之间将会产生日益密切的经济联系，并逐渐形成较深的依赖关系和平等的社会地位。

五、市场机制与两岸经济合作中经济利益的实现

市场机制是指"在市场机体中，通过各种市场组合要素之间的相互

联系、相互制约而自行协调的机能和方式。它是以经济利益为动力，通过市场竞争、供求变化和价格波动来调节资源配置的一种经济运行机制"（刘长龙、计保平，2005）。[1]具体来说，市场机制一般表现为价格机制、供求机制、竞争机制、利率机制、工资机制等。当市场机制充分发挥作用时，生产资源的配置达到最优状态，各经济主体具有平等的经济地位和经济权利，并获得最大化的经济利益，可以说，市场具有客观公平地分配经济利益的基础性作用（张素芳，2005）。[2]

经济利益是两岸经济合作的动力，让两岸从经济合作中实现经济利益最大化是两岸经济合作的阶段性目标，也是大陆最终实现国家统一目标的必要准备。由于两岸之间的经济合作同传统的区域经济合作一样，在本质上属于经济行为，并且大陆和台湾在经济运行中都是实行市场经济体制，因此两岸经济合作必须按照经济规律的要求，充分发挥市场机制的功能，通过市场对两岸资源的优化配置实现经济利益的最大化，这是两岸经济合作的基本原则。吴能远（2004）认为，"两岸经贸交流本质上是经济行为，应遵照经济规律进行，两岸加入 WTO 之后，尤应遵守WTO 的规范，不宜赋予两岸经贸交流以不切实际的政治预期，或以政治干扰两岸经贸交流。"[3]李非（2004）认为，两岸应遵循经济发展规律，推动经济交流与合作事宜，并为此提出了相应的三个准则：市场经济准则，即两岸应遵循比较利益原则，以"非政治化"的形势，推动两岸生产要素流动自由化，寻求市场运作机制和经济管理体制的相互接轨；平等互利原则，即平等对待、协商处理有关经济合作事宜，以"求同存异"的办法尽量淡化政治色彩，减少政治上的阻力；产业优化准则，即两岸依据市场经济运行机制，逐步建立起垂直分工与水平分工相结合的产业分工体系。[4]

在两岸经济合作中，发挥市场机制的功能主要体现在尊重市场经济的一般规律，以市场为基础优化两岸资本、劳动、技术、信息等要素的配置，引导两岸企业根据市场需求决定自身的贸易和投资行为，以及相互合作的领域、项目等，使两岸企业在竞争与合作中实现自身利益的最

---

① 刘长龙，计保平. 社会主义市场经济理论［M］. 北京：北京出版社，2005 年，第 98 页.
② 张素芳. 论市场分配经济利益和配置生产资源的基础性作用［J］. 经济评论，2005（5）：16.
③ 吴能远. 两岸关系中的经济与政治[EB/OL]. 华夏经纬网，2004-3-8.
④ 李非. 台湾经济发展通论［M］. 北京：九州出版社，2004 年，第 16 页.

大化，并促进了整个社会的经济利益，正如斯密（1759）所言："一只看不见的手引导他们对生活必需品作出几乎同土地在平均分配给全体居民的情况下所能作出的一样的分配，从而不知不觉地增进了社会利益"。[①]

如果市场机制在两岸经济合作中能充分发挥资源配置作用，并有效推动双重目标的实现，那么市场机制就是健全和完善的。在这种理想状况下，两岸的公权力机关尤其是最高决策机关只需充当两岸经济合作的"守夜人"角色，也就是根据企业、居民等经济活动主体的利益需求，逐步取消两岸在贸易、投资等领域合作往来的限制，并提供咨询、信息等方面的服务平台以及法律法规方面的规范安排，而不必干预两岸经济活动主体的经济行为。

第三节　两岸经济合作对台湾经济发展路径的影响

对台湾经济发展路径的历史分析表明，依存于西方发达经济体会使台湾经济面临较多的风险，也使台湾难以走出当前的经济困境，在大陆经济崛起的形势下，台湾只有突破传统的路径依赖并"解锁"，转向积极发展与大陆的经济合作，形成对大陆经济的依存关系，才能实现经济的转型与发展，并以大陆为连结点，在世界经济体系中占据更高和更有利的地位。经济学意义的依存是指一个国家或地区对外部经济发展的敏感性增强（库珀，1968），[②]西方学者经常使用相互依存的概念，即其中任一国家或地区对另一国家或地区的影响均相等或者说是对称的。事实上，由于各国或地区的经济实力存在差异，因此绝对对称的相互依存并不存在，不对称性才是相互依存最普遍的特征（苏长和，2000），[③]也就是说一国或地区对另一国或地区的影响要明显大于或小于对方对其的影响。大陆与台湾是两个经济规模存在明显差异的经济体，其经贸关系处于失

---

① 亚当·斯密著，蒋自强，钦北愚等译.道德情操论［M］.北京：商务印书馆，1997年，第229～230页.

② 库珀.相互依存关系经济学.1968年，第59页.转引自布莱克.杨豫，陈祖洲译，比较现代化.［M］.上海：上海译文出版社，1996年，第536页.

③ 苏长和.经济相互依赖及其政治后果[G].任晓编.国际关系理论新视野.北京：长征出版社，2000年，第113～116页.

衡的状态（王建民，2004），[①]因此两岸属于典型的非对称相互依存关系。在 ECFA 框架下，大陆主要通过经济合作强化台湾与大陆的依存关系，并保持大陆在依存关系中居于主导地位，使台湾的经济发展与大陆紧密相连，不可分离。

一、影响台湾经济发展路径的准则

当然，一般的或相对松散的经济依存关系尚不足以达到经济关系的紧密状态，也就无法使台湾实现对传统经济发展路径的解锁，只有这种依存关系达到一定的水平才能产生建立密切的两岸关系的需要。具体而言包括以下三个准则：

一是单向主导准则。所谓单向主导准则是指在两岸经济的依存关系中，大陆处于绝对的主导地位，台湾则处于相对从属的依附地位。如果台湾在两岸依存关系中居于主导地位或者与大陆处于平衡地位，那么台湾将具备自主决定经济走向的实力和条件，并增加其在经济上脱离大陆影响的可能性。因此，必须由大陆掌握两岸经济合作的主导权，这样才能对台湾经济发展路径施以强大的影响力，推动台湾摆脱对传统路径的依赖。

二是引力占优准则。所谓引力占优准则是指大陆经济对台湾的引力要远大于台湾有碍于两岸经济合作的斥力，从而使两岸经济的依存关系有深化的动力。对立统一是事物发展的普遍规律和内部动力，两岸经济关系中既存在大陆经济对台湾的引力，也存在台湾经济欲脱离大陆主导的斥力。这种引力和斥力对立统一，并在一定的条件下相互转化，由此推动了两岸经济关系不断向前发展。如果引力占优，即引力大于斥力，那么两岸经济关系就会向更为紧密的方向发展，如果斥力占优，即斥力大于引力，那么两岸经济关系就可能走向疏远。

三是不可替代准则。所谓不可替代准则是指台湾对大陆的依存关系是长期存在的，并且在现在和将来的时期内都不存在其他的经济体可以替代大陆成为台湾的依附对象。不可替代准则是对大陆主导地位的强化，它强调了大陆主导地位的唯一性，也就是说大陆必须是台湾经济唯一的

---

① 王建民. 两岸经贸关系发展的不对称性分析及思考 [J]. 台湾研究，2004（5）：20～24.

依存对象。在完全的市场机制下，台湾会根据自身经济发展的需要，按照经济规律选择经济合作的对象，因此大陆对台湾经济是否具有不可替代性取决于两岸及其他经济体的经济发展情况。

单向主导准则、引力占优准则和不可替代准则是维持和加强两岸经济依存关系的基本条件，也是通过经济合作加强两岸经济关系发展的必然要求。

二、台湾经济对大陆依存关系的衡量

台湾在经济上对大陆的依存关系可以从两个角度考察：

（一）台湾在经济上对大陆的依赖程度

台湾在经济上对大陆的依赖程度主要体现在台湾对大陆的出口贸易与投资在台湾对外总出口和总投资中所占的地位。保持台湾在经济上对大陆的高度依赖是两岸经济关系紧密化的必要条件。

1. 贸易方面的依赖

贸易方面的依赖可以用台湾对大陆的出口依存度与贸易结合度来衡量。

台湾对大陆的出口依存度[①]（ED）是指台湾对大陆的出口额占台湾总出口额的比重，反映了台湾对大陆市场的依赖程度，ED 值越大，表明对大陆的依赖性越强，其计算公式为：

$$ED_{tm} = \frac{X_{tm}}{X_t} \times 100\%$$

其中，X_{tm} 表示台湾对大陆的出口额，X_t 表示台湾的出口总额。

贸易结合度（TCD）是指一国或地区对其某贸易伙伴的出口额占该国或地区出口总额的份额与该贸易伙伴的进口总额占世界进口总额的份额的比值，也就是台湾对大陆的出口依存度与大陆在世界进口的份额的比值，它反映了两个经济体在贸易方面相互联系的紧密程度，TCD 值越大，表明联系越紧密。根据这一定义，我们可以得到台湾对大陆的贸易结合度的计算公式

$$TCD_{tm} = \frac{X_{tm} / X_t}{M_m / M_w}$$

---

① 通常情况下，出口依存度是指一国或地区的出口总额占其 GDP 的比重，但两岸学术界习惯用台湾对大陆的出口额占台湾总出口额的比重来表示台湾对大陆的出口依存度。

其中，X_{tm} 表示台湾对大陆的出口额，X_t 表示台湾的出口总额，M_m 表示大陆的进口总额，M_w 表示世界的总进口额。当 $TCD_{tm} > 1$ 时，表明台湾与大陆在贸易方面的联系较为紧密；当 $TCD_{tm} < 1$ 时，表明台湾与大陆在贸易方面的联系较为松散。

图 6.2 反映了 1978 年至 2009 年台湾对大陆的出口依存度和贸易结合度（具体数值请见附录）。从图中 6.2 可以看出，台湾对大陆的出口依存度越来越高，说明台湾的出口贸易对大陆依赖性很强；台湾与大陆的贸易结合度从 1985 年以来一直大于 1，到 2009 年已达到 5.31，表明两岸的贸易关系趋于紧密。

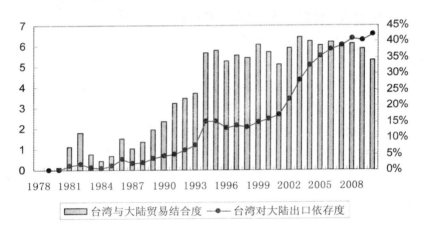

图 6.2　台湾对大陆的出口依存度和贸易结合度（1978～2009 年）

资料来源：根据《中国统计年鉴》和世界贸易组织数据库的相关数据计算绘制。

2. 投资方面的依赖

投资方面的依赖可以用台湾对大陆投资额占其对外总投资额比重来衡量。

图 6.3（见下页）反映了 1991 年至 2009 年台湾对大陆投资占比。从图中可以看出，台湾对大陆投资占比已达到 70%，说明台湾在对外投资方面已经开始对大陆产生依赖性。

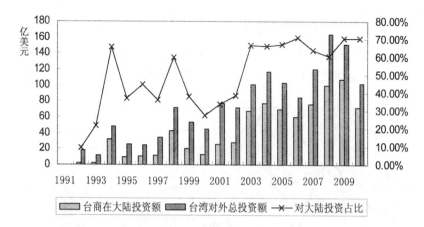

图 6.3 台湾对大陆投资额、对外总投资额及对大陆投资占比（1991～2009 年）

资料来源：根据"经济部投资审议委员会"数据计算绘制。

（二）大陆在经济上对台湾的作用力

大陆在经济上对台湾的作用力主要体现在大陆的经济增长、经济结构、经济环境等的调整和变化对台湾经济所产生的影响。如果大陆在经济上对台湾具有较高和持续的作用力，那么将有利于台湾摆脱对欧美等"中心经济体"的依赖，转而以大陆为依靠，参与"外围经济体"的循环。

从当前和今后的形势来看，加快转变经济发展方式将成为大陆经济发展的主线。大陆"十二五"规划明确提出今后五年要确保转变经济发展方式取得实质性进展，并将经济结构战略性调整作为加快转变经济发展方式的主攻方向。经济结构战略性调整的重点是构建扩大内需长效机制，促进经济增长向依靠消费、投资、出口协调拉动转变。事实上，大陆自改革开放以来，依靠需求的迅速增长，保持了国民经济的持续、快速、健康发展。1979 年至 2009 年间，大陆消费需求、投资需求和出口需求的年平均增长水平分别为 9.09%、10.88% 和 16.92%，[①]显示了较为强劲的增长势头。在大陆经济结构出现重大调整的形势下，台湾的经济发展是否受到影响值得关注。

考虑到台湾的经济增长主要由出口带动，运用"时变参数模型"

[①] 根据历年《中国统计年鉴》及国家统计局公布的数据计算。为消除价格影响，消费、投资和出口数据均以 2000 年为基期进行平减。

（Time-varying Parameter Model）可以了解，自 1979 年至 2009 年间，大陆需求增长对台湾出口的影响（建模及计算过程请见附录）。分析表明，大陆投资需求的增长并没有显著拉动台湾出口的增长，但大陆消费需求和出口需求的增长对台湾出口的增长有显著的影响。

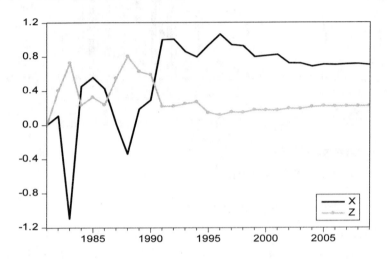

图 6.4　大陆需求增长对台湾出口增长的影响系数（1979～2009 年）

备注：X、Z 分别表示大陆消费需求增长和出口需求增长对台湾出口增长的影响系数。具体请见附录。

第七章　经济服务化与两岸服务业合作

经济服务化是两岸经济结构转型的必然趋势。目前台湾已经进入经济服务化阶段，大陆则处于工业化中期阶段，正在向经济服务化阶段迈进。两岸必须抓住经济服务化的契机，积极推进两岸服务业尤其是现代服务业的合作，推动两岸经济合作形成新的增长点。

第一节　服务业与经济服务化的内涵

一、背景

21世纪以来，知识经济发展步伐加快，经济全球化浪潮席卷世界各地，先进国家的产业结构正在加速升级，从以工业为主导向以服务业为主导转型，以适应时代变迁的趋势要求。作为建立在新技术革命和产业升级基础上的新兴产业，服务业在解决就业问题、满足人民生活需要、促进经济增长和优化产业结构等方面起着日益重要的作用。"服务业不发达不但损害了消费者利益，而且限制了一个国家的经济发展机会，削弱了其国际竞争力。"[①]由于各国的普遍重视，服务业在全球范围内取得了长足的发展，其在国民经济中的比重正稳步上升。目前，服务业占GDP的比例，世界平均水平已达到60%，而在已经实现工业化的美国，更是高达近80%的水平。可以说，世界经济的重心转向了服务业，服务经济时代逐渐来临。

不仅如此，服务业的发展还出现了新特征。金融保险、不动产、医疗保健、休闲观光等具有高人力资本含量、高技术含量和高附加值的现代服务业迅速崛起，其发展规模、速度以及服务的范围、技术、手段、质量等

---

① 华而诚. 论服务业在国民经济发展中的战略性地位 [J]. 经济研究, 2001 (12): 3.

都达到前所未有的高度。从发展趋势来看，伴随着知识经济时代的来临，服务业尤其是现代服务业蕴藏着巨大的发展潜力和广阔的发展空间。

作为亚洲四小龙之一的我国台湾地区，紧随世界经济发展的潮流，在发展服务业方面取得了令人瞩目的成就，但在近年的发展速度有放缓的趋势。从长远的角度出发，台湾的服务业还存在许多不足之处，而且无论从岛内还是岛外看，台湾的服务业在未来既面临着各种发展机遇，也遭受了潜在的竞争威胁，因此，如何应对未来发展的形势，采取有效措施使台湾服务业摆脱困境、实现永续发展，将是一个重要的研究课题。

二、服务的概念

关于服务，国内外至今尚未形成被普遍接受的权威释义。就最广泛的意义而言，在存在社会分工的条件下，人们进行不同的劳动，彼此之间就要为对方提供服务。在西方经济学的文献中，"服务"主要有三种含义：第一，如果某个人或企业提供帮助或使用价值，并使接受者的福利得到了改善，那么这个人或企业就在提供服务；第二，服务是具有交换价值的无形商品，其使用价值可以是重复使用的或者可变的；第三，服务是个人或企业有目的的活动的结果，可以取得报酬，也可以不取得报酬。[①]

国内学者对服务的解释也不尽相同。李江帆（1990）首次全面系统地提出了服务产品的概念，认为服务产品就是指非实物形态的劳动成果。[②]这种观点主要是从商品有形和无形的角度出发。黄少军（2000）从服务的产权特性角度对服务进行了定义：服务是一个经济主体受让另一个经济主体的经济要素的使用权并对其使用所获得的运动形态的使用价值。这里的经济要素是指一切具有经济价值的客观对象，包括劳动（劳动力）、资本、知识等一切具有使用价值的客观物质财富。[③]黄维兵（2003）认为，服务是一个经济主体使另一个经济主体增加价值，并主要以活动形式表示的使用价值。此处的服务概念主要有三点含义：首先，服务具有使用价值，是一种无形产品；其次，服务是交易对象，反映了不同经济主体之间的关系；最后，服务是运动形态的客观使用价值，一般不表现为静态的客观对象。[④]

---

① 黄维兵. 现代服务经济理论与中国服务业发展［M］. 成都：西南财经大学出版社，2003 年，第 17 页.
② 李江帆. 第三产业经济学［M］. 广州：广东人民出版社，1990 年.
③ 黄少军. 服务业与经济增长［M］. 北京：经济科学出版社，2000 年.
④ 黄维兵. 现代服务经济理论与中国服务业发展［M］. 成都：西南财经大学出版社，2003 年.

综上所述，经济学界对服务的概念理解因研究的不同需要而有所差异，并没有完全统一的定义。

三、服务业的概念

（一）国外地区

在人类历史上，服务及服务劳动早已存在，但把服务业作为一个完整的概念提出并进行系统的研究，则是 20 世纪才发生的。1935 年，英国经济学家、新西兰奥塔格大学教授埃伦·费希尔（Allen Fisher）在其出版的《安全与进步的冲突》一书中，提出了"第三产业"的概念，即泛指旅游、娱乐、文化、艺术、教育、科学和政府活动等以提供非物质性产品为主的部门。1957 年，C. 克拉克（Colin Clack）在《经济进步的条件》（第三版）中，把国民经济结构明确地划分为三大部门，第一大部门以农业为主，第二大部门以制造业和采矿业为主，第三大部门则是服务业，包括建筑业、运输业、通讯业、商业、金融业、专业性服务和个人生活服务、政府行政事务服务、军队等。此后，又有不少经济学家对产业进行了不同的分类（表 7.1）。

表 7.1　经济学家对不同产业分类方法的比较

部门	费希尔（1935 年）	克拉克（1941 年）	克拉克（1957 年）	弗拉斯（1959 年）	库兹涅茨（1957 年）
制造业	第二产业	第二产业	工业	第二产业	工业
建筑业	第二产业	第二产业	服务业	第二产业	工业
公用设施	第二产业	第二产业	服务业	第二产业	工业
交通业	第三产业	第三产业	服务业	第三产业	服务业
通讯业	第三产业	第三产业	服务业	第三产业	服务业
贸易	第三产业	第三产业	服务业	第三产业	服务业
服务业	第三产业	第三产业	服务业	第三产业	服务业
政府部门	第三产业	第三产业	服务业	第三产业	服务业

资料来源：黄少军，《服务业与经济增长》，经济科学出版社，2000 年版。

（二）中国大陆

我国从 1985 年开始使用国内生产总值生产核算,并开始将服务业生产核算作为国内生产总值生产核算的重要组成部分。[①]1985 年国务院批准了国家统计局《关于建立第三产业统计的报告》,正式认可"第三产业"一词,第三产业增加值也开始计入国民生产总值。报告从统计学意义上提出了三次产业的划分标准,把除第一产业和第二产业之外的其他所有行业总称为第三产业。报告将第三产业分为流通部门和服务部门两大部门,具体又可以划分为四个层次:（1）流通部门,包括交通运输、邮电通信、商业饮食、物质供销和仓储业;（2）为生产和生活服务的部门,包括金融、保险、地质普查、房地产、公用事业、居民服务、旅游、信息咨询服务和各类技术服务业等;（3）为提高科学文化水平和居民素质服务的部门,包括教育、文化、广播电视、科研、卫生、体育和社会福利事业等;（4）为社会公共需要服务的部门,包括国家机关、党政机关、社会团体及军队、警察等。

1992 年,中共中央、国务院下发《关于加快发展第三产业的决定》。2000 年,中共十五届六中全会通过的国家"十五"计划建议中使用了"服务业"的提法,国务院办公厅还转发了国家计委《关于"十五"期间加快发展服务业若干政策措施的意见》。2003 年,国家统计局根据 2002 年新颁布的《国民经济行业分类》(GB/T 4754. 2002),对三次产业划分进行了重新规定,将第三产业主要划分为 15 个行业:a. 交通运输、仓储和邮政业;b. 信息传输、计算机服务和软件业;c. 批发和零售业;d. 住宿和餐饮业;e. 金融业;f. 房地产业;g. 租赁和商务服务业;h. 科学研究、技术服务和地质勘探业;i. 水利、环境和公共设施管理业;j. 居民服务业和其他服务业;k. 教育业;l. 卫生、社会保障和社会福利业;m. 文化、体育和娱乐业;n. 公共管理和社会组织;o. 国际组织。

（三）中国台湾地区

根据台湾行政主管部门 1996 年 12 月第 6 次修订行业标准分类,服务业分为七大类别,即批发零售及餐饮业、运输仓储及通讯业、金融保险及不动产业、工商服务业、社会服务及个人服务业、公共行政业、其

---

① 江小娟. 中国服务业的增长与结构 [M]. 北京:社会科学文献出版社,2004 年,第 71 页.

他不能归类之行业。2006 年 6 月第 8 次修订的行业分类标准又将服务业进一步细分为十三大类别，包括批发及零售业、运输及仓储业、住宿及餐饮业、资讯及通讯传播业、金融及保险业、不动产业、专业科学及技术服务业、支援服务业、公共行政业、教育服务业、医疗保健及社会工作服务业、艺术娱乐及休闲服务业和其他服务业。

总体而言，国外与国内（包括大陆和台湾地区）的服务业分类标准及涵盖内容没有太大差异，基本上都将服务业等同于第三产业。

四、现代服务业的概念

现代服务业是相对于餐饮等传统服务业而言，它是在工业化后期大规模兴起的，主要依托于信息技术和现代管理理念，具有时代特征的、适应现代人的需求和城市现代化发展的服务业。

现代服务业一般具有下列基本特征：

第一，以现代科学技术为支撑，具有不断创新的能力。如银行存款是传统的银行业务，但在建立起电子银行和网上存贷款交易系统后，银行业就发展成为了现代服务业。

第二，以知识经济为依托，拥有高素质的从业人员队伍。在知识经济时代，现代服务业的发展离不开优秀的企业家、高素质的管理者和高服务水平的员工。人才已成为打造企业核心竞争力的关键因素。

第三，是从传统服务业演变而来或者是从现代兴起。[1]因为这类服务业本质是利用现代信息技术进行更为精细的专业化分工，把传统上由企业内部组织进行的服务活动外置出来，提高服务效率、降低交易成本。如物流业是从传统的商业运输中发展而来。

五、经济服务化的概念

经济服务化是指在经济结构由制造业占主导地位向服务业占主导地位转变的过程。陈宪（2011）认为，经济服务化的特征事实主要包括：（1）在产出、就业等宏观经济总量中，与服务有关的比重不断上升，并逐步居于主导地位。（2）在产出物的价值构成中，服务价值的比重显著

---

[1] 钟若愚. 走向现代服务业 [M]. 上海：上海三联书店，2006 年，第 7 页.

提高，甚至大于产品价值。（3）出现制造业信息化、企业平台化、产业融合和产业链重构等过程性事实。①一般而言，学者多以第（1）项为主要判断依据。2013 年，台湾服务业就业人口占总就业人口的比重达58.9%，服务业产值占 GDP 比重为 68.29%，说明台湾已实现经济服务化。实际上，由于台湾服务业的早熟，早在 20 世纪 80 年代末和 90 年代初，台湾服务业的就业比重和产值比重就已经超过 50%，达到了经济服务化的水平。相比之下，大陆目前还处在工业化中期阶段，并努力朝经济服务化方向发展。2013 年大陆服务业产值占 GDP 比重已增至 46.1%，而第二产业的 GDP 占比为 43.9%，这是大陆服务业比重首次超过第二产业。②

第二节　台湾服务业发展前景的 SWOT 分析

一、SWOT 模型的引进

SWOT 模型最早是 20 世纪 80 年代初由美国旧金山大学海因茨·韦里克（H. Weihrich）教授在《SWOT 矩阵》（The SWOT Matrix-A Tool for Situational Analysis）一书中提出来的。该分析法主要是将与研究对象紧密联系的各种内部优势因素（Strengths，即在竞争中拥有明显优势的方面）、内部劣势因素（Weaknesses，即在竞争中处于相对弱势的方面）、外部机会因素（Opportunities，即较之竞争对手更容易获得的、能够轻松地带来收益的机会）和外部威胁因素（Threats，即不利的趋势或发展带来的挑战），通过调查罗列出来，并依照矩阵进行排列，然后运用系统分析的思想把各种因素相互匹配起来加以分析，制定符合未来发展战略的决策体系。

基于 SWOT 分析法，在制定政策时可以利用 SWOT 分析矩阵（图7.1，见下页）将外部因素和内部因素进行相互匹配，形成 SO（优势—机会）策略、WO（劣势—机会）策略、ST（优势—威胁）策略和 WT

① 陈宪，殷凤，韩太祥. 服务经济与贸易［M］. 北京：清华大学出版社，2011 年，第 8 页.
② 数据来源：国家统计局《2013 年国民经济和社会发展统计公报》。

（劣势—威胁）策略等共四组策略。SO 策略是依靠内部优势去抓住外部机遇以寻求快速发展的策略，WO 策略是利用外部机遇来改进内部弱点、提高综合实力的策略，ST 策略是利用企业的优势以避免或减轻外部威胁打击的策略，WT 策略则是以克服内在弱点来避免或应对外部威胁的策略。

内部能力 外部因素	优势 （Strengths）	劣势 （Weaknesses）
机会 （Opportunities）	SO 策略 ・发挥优势 利用机会	WO 策略 ・利用机会 克服弱势
威胁 （Threats）	ST 策略 ・利用优势 回避威胁	WT 策略 ・减少弱势 回避威胁

图 7.1 SWOT 分析矩阵

SWOT 模型可以清楚地分析研究对象发展所面临的核心影响因素，并能直观地制定出相应的策略，因而成为市场分析研究和策略学的重要分析工具，并被广泛应用到行业分析和地区经济分析之中。基于 SWOT 模型这一优点，本书引进 SWOT 模型来分析台湾服务业所具有的优势和劣势以及未来发展所遇到的机会和威胁，以形成对台湾服务业前景的全面、客观的认识，并据此探讨未来的发展策略。

二、台湾服务业发展前景的 SWOT 分析过程

（一）台湾服务业发展的优势（S）

服务业对一个国家或地区的总体经济具有依附性。台湾自光复以来，经济迅速发展，为服务业的发展提供了良好的条件和优越的土壤，而且外向型经济的发展以及工业化的实现，促进了台湾传统服务业向现代服务业转型升级。台湾服务业主要有以下几个优势：

1. 管理理念先进，与国际化接轨。台湾在发展服务业的起步上较亚洲其他地区都快，国际许多知名服务业品牌都将台湾当作进军亚洲的试

验地，这也为台湾带来了先进的经营管理理念和文化，使台湾的服务业相对于亚洲其他地区更早地实现与国际接轨。例如台湾批发零售业中的连锁业，经过一定时期的本土摸索后，在1980年至1983年进入国际连锁引进阶段，各类连锁店相继出现，一些颇具影响力的西方连锁经营方式被引进台湾，如统一超商、三商巧福等等，此后，台湾的连锁业呈现蓬勃发展态势，麦当劳、肯德基、屈臣氏等国际知名连锁店看中台湾服务业发展潜力，纷纷抢滩台湾，在这些国际企业的影响下，"服务流程标准化"、"不断创新"及"以客为尊"等先进理念注入了岛内本土连锁业。到了20世纪90年代后，岛内日渐成熟的连锁企业又开始寻求向海外扩张，走国际化路线，如博登药局、元祖食品等等。

2. 特色行业日臻成熟，新兴行业发展迅速。台湾现代服务业体系完善，并已形成一些颇具特色和优势的行业，主要以物流业为代表。台湾经济在20世纪80年代迅速崛起，使得台湾地区成为许多跨国公司的重要原材料和零配件的供应地，由此物流配送需求大幅增长，这在很大程度上推动了社会物流配送的发展。[①]台湾传统的物流业已逐渐向现代物流营运模式转型，朝自动化和信息化的方向发展。物流企业在经营观念、管理水平等方面比较先进，特别是在快速宅配、常温与低温作业仓储、共同配送以及搬运等四大服务体系方面具有较强的比较优势，达到了与国际接轨的较高水平。

在经济较为发达的背景下，近年来台湾还涌现出了许多新兴的现代服务业。这些新兴服务业是经济文化水平发展到一定高度的产物，成为现代服务业中具有很大发展潜力的力量。例如文化创意产业，台湾拥有高素质的设计师，流行音乐水平在华人地区居领先地位，其广播、电视、电影、视觉艺术等已有相当根基，这些都促进了台湾文化创意产业取得了飞速的进步。

3. 人才素质较高。台湾的服务业非常注重人力资源的培育，其从业人员一般都具有较强的工作能力和较高的职业素养，这主要得益于下列原因：（1）中高层经营管理人员和技术人员大都受过良好的高等教育，甚至有在欧美国家留学经历，国际视野开阔，阅历丰富；（2）许多职业

---

① 陈少晖，江庆. 台湾现代物流业的运作模式及其启示 [J]. 台湾研究，2003（1）：54.

经理人具有在岛内或岛外的国际知名服务业的从业经历，接受了服务业的先进经营理念；（3）台湾的教育比较发达，[①]建立了包括中等职业教育、专科教育、本科教育、硕士教育和博士教育在内的完整的教育体系，在此背景下，台湾的服务业员工一般都接受过严格的职业培训。拥有高素质的人才是台湾服务业的宝贵财富，既有利于提升其经营管理水平，又为其永续发展和对外扩张积累了大量的储备人才。

4. 中小型服务企业融资渠道健全。台湾的服务业企业在规模上来说，主要以中小企业为主。一般而言，中小型服务企业由于规模较小，主要从事无形产品的经营活动，无法提供合乎银行规定的抵押品，因而较难获得贷款。但在台湾，中小型服务企业已经较好地解决了这个难题，这主要得益于台湾健全的中小企业融资渠道。早在 1974 年，台湾当局就设立了"中小企业信用保证基金"（简称"信保基金"），为具有发展潜力但无法提供担保品的中小企业提供信用保证，提高金融机构对中小企业提供融资的信心。除了信保基金，其他金融机构也加入了对中小企业的融资体系之中。1976 年，专门为中小企业提供长期信用的台湾中小企业银行正式成立。此后，台湾八家地区性联合会储蓄公司逐渐改为地区性中小企业银行，经营区域遍布台湾全省。[②]由于融资渠道健全，台湾的中小型服务企业可以及时地获得维持正常运营和扩大经营规模所需要的资本，避免了资金短缺的瓶颈。

除了上述几点，台湾的服务业还具有企业家富有创新精神、创投事业发达、企业品牌意识强烈等优势。正是这些优势因素，使得台湾服务业在规模层次、管理水平、经营理念上都取得了很大的成就，帮助台湾的服务业走上了快速发展的道路，让中国台湾成为亚太地区发展现代服务业的典范，这也是台湾服务业未来发展的核心竞争力。

（二）台湾服务业发展的劣势（W）

应该看到，台湾的服务业在快速发展的同时，也存在一些不可忽视的劣势因素，这些劣势因素对台湾服务业未来的发展有着重大的负面影响。客观地深入分析存在的这些劣势因素，对于促进台湾服务业的健康永续发展具有重要意义。具体而言，台湾的服务业发展主要面临以下劣

---

① 刘建兴，黄文真. 台湾经济介评 [M]. 北京：中信出版社，1993 年，第 22 页.
② 舒萍. 台湾中小企业发展与政策 [J]. 北京：九州出版社，2001 年，第 128～129 页.

势因素：

1. 岛内市场空间狭小，是台湾服务业先天面临的不足。服务业可以分为生产性服务业和生活性服务业，生活性服务业的发展主要依靠居民的消费来带动。台湾的生活性服务业受制于台湾的自然因素和经济因素，无法获得充分的发展。一方面，台湾的人口数量有限，人口自然增长缓慢。20 世纪 90 年代人口增长率基本维持在 0.8% 左右的水平，进入新世纪以后，人口增长率进一步下降，到 2006 年只有 0.276%，总人口为2295.8 万人，①这就使得消费能力十分有限，无法支撑台湾生活性服务业的持续发展。另一方面，近年来岛内经济不景气，失业率高居不下，物价上涨较快，居民消费信心指数大跌，直接影响了居民在购物、旅游、娱乐等方面的消费支出，结果使得岛内生活性服务业的发展受到了很大的限制。

2. 过度的市场竞争不利于行业的发展。与市场空间狭小形成鲜明对比的是，岛内许多服务行业的数量规模仍在膨胀，使得行业内的竞争日趋激烈。为了在有限的市场空间中获得生存空间，从业者纷纷采取各种力所能及的手段，甚至进行不正当竞争，最终损害了整个行业的发展。最为典型的是银行业。台湾自 1991 年开放金融机构的设置后，各种大小银行及其分支机构在岛内遍地开设起来，虽然促成了银行业繁荣的局面，但也造成银行数量过多，大部分银行尤其是小银行缺乏金融创新能力，与其他银行的产品同质性较高。为了扩大市场占有率，这些银行彼此竞相采取低价竞争策略，并放宽信贷审核标准，滥发信用卡和现金卡，以各种优惠措施诱使持卡人进行过度消费，结果使社会上出现了大量无力偿还银行卡债务的"卡奴"，造成发卡银行资产恶化，引发"卡债危机"，给台湾的银行业造成了很大的打击。

3. 制造业纷纷西进大陆，使岛内服务业面临新的考验。近年来，台湾的产业格局发生了很大变化。受土地价格上涨、劳动力成本上升以及新台币升值等因素的影响，台湾传统的劳动密集型加工制造业失去了比较优势，不得不进行大规模的产业外移，外移的方向主要是中国大陆地区。继劳动密集型制造业之后，岛内的高科技制造业基于降低成本和贴

① 根据台湾"内政部"《重要人口指标》（2008 年 2 月 5 日）整理。

近大陆市场的考虑，也开始向大陆转移生产基地，并在深圳、东莞、昆山等地形成了较为密集的聚集地。在制造业大举外移的形势下，岛内部分生产性服务业为延续原有的服务供应关系，克服制造业外移造成的空间分离的不利影响，采取跟进转移的策略投资大陆，但还有许多服务业者未能及时跟进，仍固守岛内发展，结果丧失了原有的服务供应关系，[①]客户市场急剧萎缩。

上述这些问题的存在，已成为台湾服务业发展的瓶颈，对其未来发展也将会产生不利的影响。

（三）台湾服务业发展的机会（O）

在经济全球化来临的时代，各个国家和地区的经济都彼此紧密地联系在一起，相互影响，共同作用。在此形势下，世界经济发展出现了一些新的有利因素和新的发展趋势，能否利用这些有利因素并顺应时代的潮流，将直接关系到每个国家和地区的经济发展前途。因此，研究台湾服务业未来发展的前景，必须是从当今时代的格局出发，分析其所面临的各种外部机会。

1. 大陆经济发展迅速

从 20 世纪 80 年代初开始，中国大陆地区实行改革开放，大陆地区的经济开始进入一个迅速发展时期。经过 20 多年的发展，大陆地区综合国力明显增强，人民生活水平显著提高。可以说，大陆经济取得了举世瞩目的成就，创造了世界经济史上的一个奇迹。大陆经济的崛起，对台湾来说不是威胁，而是难得的机遇，尤其是在服务业领域，大陆正处在工业化进程阶段，服务业尚有很大的发展空间，两岸服务业合作前景广阔，主要表现在以下三点：

第一，两岸经贸往来频繁，服务业合作迎来良机。两岸服务业合作是在两岸交往的大背景下进行的，其合作水平在很大程度上取决于两岸的经贸交流水平。近年来两岸贸易联系更趋密切，台商大陆投资持续增长。从投资方向来看，台商在大陆的投资不断向纵深方向发展，产业分工体系逐步形成，技术密集度升高，在大陆的研发比重明显增加，金融业、物流业等现代服务业成为投资热点行业。可以说，大陆与台湾的经

---

① 舒萍. 台湾服务业发展评述. 台湾研究，2006（2）：43.

济联系、生产网络、要素流动从来没有像现在这样密切，而这又是在大陆与香港台湾没有任何培育全面的经济一体化机制的背景下完成的。随着国际经济环境特别是东亚经济环境的变动，以及两岸经济联系进一步发展的需要，两岸实际上已经形成的自发的功能性一体化正在谋求转为由两岸官方共同参与推动的制度性一体化，为两岸经济提供再发展的机会、提供更为有效的保证。[①]在两岸经贸交流日益密切、经济一体化进程不断加快的情况下，两岸服务业的合作将会面临限制逐渐减少、政策更为宽松的大好机遇。

第二，两岸服务业优势互补，为相互合作提供了有利基础。近年来大陆服务业市场将加快开放，而台湾服务也处于转型之中，这为台商在大陆投资服务业提供了极好的机遇。两岸服务业在许多领域优势互补。大陆的服务业起步晚、基数低、技术含量不高，仍以传统服务业为主，并且服务业发展存在较大的城乡和地区差异，此外大陆制造业发展迅速，对物流、金融、电子商务等服务业的要求越来越高，这就急需引进包括台资等外来资本。而台湾服务业经过多年的发展，已经积累了雄厚的实力，在物流业、专业服务业，包括会计师、医师、律师等行业比大陆有优势，并且同大陆具有先天的地缘和亲缘优势，因此台湾服务业完全可以走出台湾，投资大陆，与大陆服务业者进行合作。另外大陆拥有 13亿人口，消费需求持续上升，市场极为广阔，再加上劳动力成本较低，基础设施日臻完善，这对台湾服务业具有极大的吸引力。

第三，大陆加快发展服务业的战略目标，为两岸服务业合作指明了方向。在一个经济比较发达地区，服务业应发挥支撑作用，成为国民经济的主导产业。但目前大陆的服务业尤其是现代服务业的发展水平比较低，与大陆的经济地位极不相称，也制约了经济结构的进一步优化，为此，大陆提出了加快发展现代服务业的战略目标。2007 年《国务院关于加快发展服务业的若干意见》要求："到 2020 年，基本实现经济结构向以服务经济为主的转变，服务业增加值占国内生产总值的比重超过50%，服务业结构显著优化，就业容量显著增加，公共服务均等化程度显著提高，市场竞争力显著增强，总体发展水平基本与全面建设小康社会的要

---

① 曹小衡. 东亚经济格局变动与两岸经济一体化研究［M］. 北京：中国对外贸易出版社，2001年，第 5 页.

求相适应。"2012 年《服务业发展"十二五"规划》提出："将推动服务业大发展作为调整经济结构的重要突破口，以市场化、产业化、社会化、国际化为方向，加快发展生产性服务业，大力发展生活性服务业，营造有利于服务业发展的良好环境，全力推动服务业发展提速、比重提高、水平提升，为增强我国产业核心竞争力和提高人民群众生活质量奠定坚实基础。"

大陆要实现服务业的跨越式发展，必须加大包括台资在内的外资服务业的引进力度。2013 年中共十八届三中全会进一步明确提出，要"推进金融、教育、文化、医疗等服务业领域有序开放，放开育幼养老、建筑设计、会计审计、商贸物流、电子商务等服务业领域外资准入限制"，这为两岸服务业合作指明了方向。两岸服务业者可以根据大陆服务业的发展战略规划，在多个领域加大合作力度，进一步拓展合作空间。

上述三点充分说明大陆经济崛起对台湾服务业具有重要的意义。未来台湾服务业必须抓住这一难得的发展机遇，积极开拓大陆市场。

2. 知识经济时代来临

在知识经济趋势下，发达国家和地区都在致力于发展知识密集型服务业，鼓励服务业创新，支持创业及人才培育，借此以获取较高的附加价值，强化其全球竞争力。根据宏基公司董事长施振荣所提出的微笑曲线理论[①]，在产业价值链的两端，也就是研发、设计与营销、通路、品牌部分，是创造高附加价值的地方，而在这些地方都有高度的服务成分。未来台湾若抓住知识经济所带来的契机，延伸产业价值链的服务端，可以创造更多的附加价值。

3. 制造业产业价值链有分解趋势

在产业全球化与专业分工趋势的推动下，制造业者基于强化其核心竞争力、降低成本及信任专业服务等因素的考虑，将原属于制造业内部的某些业务从企业整体的价值链中分解出来，外包给其他业者，成为市场中独立的、专业化的服务部门。[②]营销服务、运筹服务、信息服务、

---

① 该理论用一个开口向上的抛物线来描述个人电脑制造流程中各个行业的附加价值。由于曲线类似微笑的嘴形，因此被形象地称为微笑曲线。

② 高峰. 全球价值链视角下制造业与服务业的互动 [J]. 现代管理科学，2007（1）：43.

财务管理服务、生产/营运管理服务等等，逐渐发展成为新兴的服务业。台湾的制造业较为发达，其产业价值链分解趋势更为明显，这对台湾的服务业来说是个极具潜力的发展领域。

（四）台湾服务业发展遭受的威胁（T）

台湾服务业未来发展所面临的威胁主要是其他地区服务业迅速发展给台湾所带来的竞争压力[①]。大力发展服务业，是当今世界各个国家和地区的共同任务和目标。以美国为代表的西方发达国家，早已进入服务经济时代，服务业十分发达。以新加坡为典型代表的东南亚国家的服务业也迅速崛起。新加坡地处马来半岛南端，马六甲海峡南口，地理位置十分优越。从英属殖民地时代起，新加坡就成为一个国际都市，起着中转贸易和邻近地区商业中心的作用。新加坡在服务业的竞争优势包括拥有受过良好教育又有英语背景的劳动力队伍以及完善的法律环境，它的金融业和航运业比较发达。新加坡政府也高度重视服务业的发展，采取措施努力将新加坡发展成为全球金融中心和全球航运中心。这些国家和地区服务业的发展，对台湾的服务业发展构成了潜在的竞争威胁，挤压了其生存空间。[②]

在台湾岛内，2013 年，外资在台湾服务业领域共投资 31.3 亿美元，占当年外资在台投资总额的 63.5%[③]。外资主要在金融保险业领域投资，而岛内的金融保险市场原本就已饱和，竞争十分激烈，外资的进入更是加剧了竞争。不仅如此，有些实力雄厚的国际巨头为了占领台湾乃至亚洲市场，以并购台资本土企业等方式进入台湾，例如 2006 年轰动一时的英国渣打银行收购台湾新竹商银一案，实际收购金额高达新台币 397.87 亿元，创下当年度公开收购案例最高金额的纪录，同时也是台湾岛内首宗成功收购股权比例突破 95% 以上的案例。外资的大举进入，让台湾本土的服务业感受到了潜在的生存危机。

在国际市场上，台湾更是面临多方面的竞争。例如，新加坡构建全球金融中心和航运中心的目标，让具有类似规划目标的台湾倍感竞争的压力。此外，近年来台湾服务业的一些知名品牌开始走向国际市

---

① 客观而言，其他国家和地区服务业的迅速发展对台湾来说也有积极的因素，如可以相互合作等。
② 杨明，张诚. 服务业跨国公司对东道国产业竞争力作用分析 [J]. 生产力研究，2005（10）：219.
③ 台湾"经济部统计处"数据。

场，直接与国际服务业巨头展开了激烈的竞争。这些竞争是台湾服务业在走向国际市场过程中不可避免的现象，也是对日益成熟的台湾服务业的一个考验。

三、台湾服务业发展前景综合分析

前文根据 SWOT 模型步骤，分析了台湾服务业所具有的优势、劣势，以及所面临的机会、威胁，现在将其一一列表如下：

表 7.2　台湾服务业优势、劣势、机会和威胁

优　势（Strengths）	劣　势（Weaknesses）	机　会（Opportunities）	威　胁（Threats）
·管理理念先进 ·新兴服务业发展迅速 ·人才素质较高 ·大企业资金实力雄厚 ·中小型服务企业融资渠道健全	·岛内市场空间狭小 ·过度的市场竞争 ·制造业西进大陆	·大陆经济崛起 ·知识经济时代来临 ·制造业价值链趋向分解	·其他地区服务业迅速发展

从上表可以看到，未来台湾服务业将面临机遇与挑战并存的局面。台湾的服务业虽然在管理、人才、融资等方面积累了一定的优势，但由于岛内市场狭小等先天和后天的不足，以及国际竞争日益加剧的威胁，其发展前景不容乐观。

从近几年的数据看，台湾的服务业进入了瓶颈期，产值增长缓慢，2009 年更是达到-0.53%的历史低点。2001～2013 年服务业平均增长率只有 2.98%，远低于 1990～1999 年 7.95%的平均增长水平。未来台湾服务业如何摆脱现在的低迷状态，将是值得认真研究的问题。

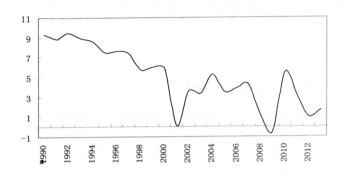

图 7.2　1991～2007 年台湾服务业产值增长率折线图

资料来源：台湾"行政院主计处"《国民所得统计年报》；台湾"经济部"经济统计指标。

四、台湾服务业发展策略的 SWOT 矩阵分析

根据上文章关于台湾服务业发展的内部优势与劣势、外部机会与威胁的分析，结合 SWOT 矩阵，可以将这些内外因素进行各种不同的组合，制定出促进台湾服务业发展的四组策略建议（SO 策略、WO 策略、ST 策略和 WT 策略），并将此作为未来发展服务业的政策选择。

（一）SO 策略建议

SO 策略主要是依靠台湾服务业所具有的优势因素，抓住当前所遇到的机会，以实现台湾服务业的永续发展。

1. 投资大陆服务业

大陆经济的崛起是台湾服务业面临的最大机遇。目前大陆工业化进程正在稳步推进，产业结构逐渐升级转型，服务业已成为大陆的重要产业，台湾的服务业应该积极投资大陆，利用资金、人才、管理等方面的优势，在大陆服务业市场竞争中占据有利形势。这是运用 SO 策略促进台湾服务业发展的重要策略。

2. 放松管制，鼓励业态创新

在知识经济时代，创新是企业发展的动力。台湾的服务业只有不断创新才能在知识经济社会中占据领先地位。台湾服务业管理理念先进，人才素质较高，具备不断创新的良好环境。未来台湾服务业创新的重要

表 7.3 台湾服务业发展策略建议的 SWOT 矩阵分析

内部能力 外部因素	优势（Strengths）	劣势（Weaknesses）
	• 管理理念先进 • 新兴服务业发展迅速 • 人才素质较高 • 大资金实力雄厚 • 中小型服务企业融资渠道健全	• 岛内市场空间狭小 • 过度的市场竞争 • 制造业纷纷西进大陆
机会 （Opportunities）	SO 策略	WO 策略
• 大陆经济崛起 • 知识经济时代来临 • 制造业价值链趋向分解	• 投资大陆服务业 • 鼓励业态创新 • 促进制造业服务化	• 开拓大陆服务业市场空间 • 发展知识密集型服务业
威胁（Threats）	ST 策略	WT 策略
• 其他国家和地区服务业迅速发展	• 支持优势企业参与国际竞争	• 提高服务业市场集中度 • 学习先进国家和地区经验

方向是突破传统的经营模式，在业态上进行改革和创新。新的业态的出现，可以使企业用更便利的模式服务客户，吸引更多的客户群前来消费，同时可以降低企业的成本，提高企业的经济效益。

鼓励业态创新，需要当局主管部门放松对服务业的管制。台湾许多与服务业有关的法令都是采取"正面表列"的方式进行管理，即严格规定服务业被许可的经营活动，这种方式现在已不合时宜，因此，台湾未来的服务业管理应遵循"负面表列"的原则，即只规定服务业不可经营的活动，而其他活动则为许可。这就放松了对服务业的管制，提高了服务业经营的灵活性，也有利于业态的创新。

3. 促进制造业服务化

实施该策略主要是为了抓住制造业价值链趋向分解的机会。制造业服务化是指服务在制造业中的比重不断加大的现象。[①]对于制造业企业来说，服务化可以提升企业产品的竞争力。因为许多企业生产的产品在质量、功能等上面差异性不大，也就是说有形产品基本相同，在这种情况下，为了在激烈的市场竞争中取得优势，企业必须延伸价值链，在包装设计、营销服务、售后服务等方面加大投入，提高其产品的无形价值。在专业化的趋势下，企业甚至可以将这些服务外包给专业从事类似服务的其他企业。

从全球的角度来看，制造业服务化已成为发达国家和地区制造业发展中普遍面临的趋势，台湾在此方面不应有所落后。台湾的工业化进程已经结束，制造业相对成熟，因此在台湾实现制造业的服务化具有良好的条件。未来台湾可以因地制宜，在具有优势的资讯电子、电力机械、化学化工等制造业的上下游设立研发、设计、销售等服务企业，为制造业企业和客户提供专业化的服务，从而通过价值链的延长获得更多的附加值。

（二）WO 策略建议

WO 策略主要是利用台湾服务业所面临的外部机遇，来克服其内部所存在的劣势。在分析 WO 策略时应该认识到，台湾服务业的劣势最根本的在于没有足够的发展空间来支撑，解决的办法就只有寻求新的市场空间和新的利益增长点。所以，结合外部机会因素，可以制定出两大 WO 策略建议：开拓大陆服务业市场空间和发展知识密集型服务业。

1. 开拓大陆服务业市场空间

这与 SO 策略中建议投资大陆服务业有类似的地方。从 WO 策略本身的出发点来说，它具有两点意义：一是突破了岛内市场空间狭隘的限制，替台湾的服务业寻找到了新的出路。台湾可以借此机会在大陆投资，也可以直接向大陆输出服务产品；另外一点就是主动适应了岛内制造业向大陆转移的趋势。原本就为这些制造业提供上下游服务的企业可以跟进大陆，延续以前的供应链，避免制造业出走而给岛内服务业带来的不利影响。

---

① 夏杰长，刘奕，顾乃华. 制造业的服务业化和服务业的知识化 [J]. 国外社会科学，2007（4）：8.

2. 发展知识密集型服务业

知识密集型服务业是以知识为主要投入要素且具有较高创新收益的生产性服务业，主要分别在新兴行业内，包括金融保险、管理咨询、文化创意等。[①] 随着知识和技术的广泛运用，服务业的生产效率有提高的趋势，知识密集型服务业在经济增长中的作用越来越受到关注。[②]贝尔的三阶段理论也强调了知识型服务业在后工业时代的重要性。在台湾，由于市场竞争激烈，部分服务业尤其是传统的劳动密集型服务业的生存与发展受到了严重的挤压，所以，台湾的服务业迫切需要升级转型，寻找新的增长领域。而在知识经济时代已经来临的机遇面前，台湾服务业可以此为契机，大力发展知识密集型服务业。为此，当局应在未来扮演积极的角色，指导服务业者的投资方向，促进新技术和新知识在服务业中的推广应用，并对知识密集型企业在创办初期给予税收等方面的优惠。此外，鉴于知识密集型服务业与技术、知识、创意等高度关联，当局主管部门还有必要进一步完善知识产权保护制度，以保护知识密集型服务业者的权益，提高其进行知识创新的积极性。

（三）ST 策略建议

ST 策略是充分发挥台湾服务业所具有的优势，避免其他地区服务业发展对台湾所带来的威胁。在前面的 SWOT 策略分析矩阵中，支持优势企业参与国际竞争被作为 ST 策略的选择。

参与国际竞争是促进台湾服务业未来发展的一项主动措施，是把台湾的服务业推向国际舞台的必经之路，也是避免台湾经济被边缘化的必然要求。经过多年的发展，台湾培育了一些规模大、绩效好、实力雄厚的服务业企业。这些企业在管理理念、人才培养等方面具有较强的优势，它们不仅在岛内发展势头良好，而且已经开始把经营活动延伸到岛外，开始了国际化布局，并初步具备了与国际知名服务业企业进行竞争的实力。

由于参与国际竞争对企业的资金、管理等方面都提出了更高的要求，因此需要对相关企业给予必要的支持。具体包括两方面的措施：（1）提供融通资金的便利。对于参与国际竞争的优势企业，政府部门应推动金融业与之建立密切联系，搭建"银企合作"的平台，为金融业向企业提

① 李善同. 凸现新经济特点 [J]. 国际贸易，2002（3）：28.
② 陈凯. 服务业在经济发展中的地位和作用 [J]. 经济学家，2005（4）：118.

供资金消除政策上的管制；（2）培养具有国际视野的人才。台湾的服务业企业以前多面向岛内市场，无论是普通员工还是管理人员，虽然从业素质比较高，但视野仅局限在岛内。而在开放性的国际竞争格局中，是否具有国际视野成为衡量人才素质高低的重要标准。所以，未来台湾必须在金融、财务、投资、法律、会计、管理等领域加强此方面人才的培养，例如输送优秀人才到发达国家和地区进行培训等等，以充分提供台湾服务业在全球布局所需的专业服务和人才。

（四）WT 策略建议

WT 策略是一种防御性策略，主要是通过克服台湾服务业内部的劣势与不足，应对外来因素带来的威胁。现在台湾服务业面临比较严峻的形势，过度的市场竞争使原本狭小的市场空间更加狭小，而先进国家和地区服务业的迅速发展又对台湾地区的服务业发展构成了潜在的威胁。在内外双重压力之下，台湾的服务业必须对现状进行思考，走出困境。

提高市场集中度是台湾服务业解决当前面临问题的一个策略。当前台湾服务业在许多领域的企业数量过多，彼此间恶性竞争，削弱了实力，而先进国家和地区的服务业者利用岛内企业间的相互竞争，趁虚而入，占据了岛内市场。如果适当提高市场的集中度，将行业市场份额的一部分或者大部分集中在数量有限的企业内,这样既能避免市场的恶性竞争，又有利于优质企业的发展。

考虑到台湾服务业的发展现状，提高市场集中度主要是在银行业、餐饮业、流通业等竞争激烈的行业内，通过兼并、收购等市场方式，淘汰行业内经营不善、竞争力较弱的企业，使资源集中于部分优质企业，实现市场的良性竞争。不过需要指出的是，提高市场集中度是要避免恶性竞争，但它不等于实行垄断。此外，由于台湾的经济高度自由化，提高市场集中度仍由企业通过市场方式进行，而不是以政府行为推进。

学习先进国家和地区的经验，是台湾服务业提升自身水平、走出当前困境的另一个策略。台湾服务业在内部存在诸多劣势、外部面临竞争威胁的情况下，应当虚心向发达国家和地区学习经验。当然，在学习的过程中要注意是否适合台湾服务业的实际需要，因为世界上不同国家和地区服务业经营的模式具有鲜明的本国或本地区特色，不一定适用其他地区。不仅如此，这里的学习并非简单的模仿，而是在消化吸收后加以创新，只有这样，才能使台湾的服务业有实力与先进国家和地区进行竞争。

第三节 两岸服务业合作

在第二节的策略分析中，无论是 SO 策略还是 WO 策略，都强调要重视大陆的服务业市场，其实质是两岸服务业相互合作，共同发展，实现双赢。这也是从 SWOT 模型得出的关于促进台湾服务业发展的核心策略。

一、大陆服务业发展水平

改革开放以来，中国大陆的服务业有了长足的发展。据最新公布的《2013 年国民经济和社会发展统计公报》，2013 年大陆服务业增加值为262204 亿元人民币，同比增长 8.3%；服务业占 GDP 的比重已经由 1978年的 23.7%上升到 46.1%，且服务业增加值占比首次超过第二产业。

但是，由于大陆刚从 20 世纪 80 年代开始逐步从计划经济体制向市场经济体制转变，仍处于工业化发展初期，因而服务业总体水平仍然比较低下。主要体现在服务业在 GDP 中的比重仍有待提高，服务业结构不合理，批发零售业、运输仓储业等传统服务业在服务业中占主流，现代服务业发展水平较低，等等。因此，大陆未来将会大力发展服务业，以进一步优化产业结构，确保国民经济持续快速发展。[①]

二、两岸服务业合作的特点

由于岛内经济环境持续恶化，市场空间有限，近年来台资服务业开始走出岛内，与大陆的服务业进行合作。总体来看，目前两岸服务业合作主要有以下几个特点：

（一）台商投资服务业的比重不高

虽然近年来大陆不断加大招商引资的力度，台资对大陆服务业的投资已具有一定的规模，但其占台商在大陆整体投资的比重仍很低。截至

---

① 李江. 基于产业关联分析的服务业发展策略研究 [J]. 集团经济研究. 2007（9）（上）：73.

2013 年底，台商在大陆投资服务业的被核准案件有 6561 件（表 7.4），占台商核准总投资案件的 16.10%；核准投资金额为 250.58 亿美元，仅占台商核准总投资金额的 18.75%，远远低于制造业的比率。这说明台商在大陆服务业领域的发展潜力尚待挖掘。

表 7.4 台商投资大陆服务业情况一览表（截至 2013 年 12 月）

行业	件数（件）	比重（%）	核准金额（千美元）	比重
批发及零售业	2756	42.01	7986311	31.87%
运输及仓储业	258	3.93	774967	3.09%
住宿及餐饮业	521	7.94	777552	3.10%
信息及通讯传播业	914	13.93	2080720	8.30%
金融及保险业	279	4.25	6247639	24.93%
不动产业	189	2.88	3487273	13.92%
专业、科学及技术服务业	684	10.43	1434673	5.73%
支持服务业	152	2.32	517653	2.07%
公共行政及强制性社会安全	15	0.23	40906	0.16%
教育服务业	25	0.38	34059	0.14%
医疗保健及社会工作服务业	64	0.98	375751	1.50%
艺术、娱乐及休闲服务业	418	6.37	559879	2.23%
其他服务业	286	4.36	740947	2.96%
合计	6561	100.00	25058330	100.00%

资料来源：根据台湾经济主管部门数据（2013 年 12 月）整理。

（二）台商投资的服务业集中在传统领域，现代服务业开始崭露头角

从台商所投资的服务业行业看，主要以批发零售业为主，投资金额达 79.86 亿美元，占服务业投资总额的 31.87%，说明两岸服务业合作仍主要集中在传统领域。不过，近年来台商对现代服务业领域的投资有加大的趋势，一批连锁企业、现代物流企业、咨询服务企业等开始登陆内地，为大陆的服务业发展带来了新的理念。

（三）台商投资的现代服务业多为中小企业

这与现代服务业的特点以及台湾企业以中小企业为主有关。现代服务业是在工业产品进入大规模消费阶段时，依托信息技术和现代化理念发展起来的新兴服务业以及部分经过升级改造的传统服务业，多以知识密集型为特征，因而在员工数量、资产规模等方面比制造业要精简很多。此外，台湾的中小企业比较发达，岛内的服务业多为中小企业，它们到大陆投资自然也以中小企业为主。以中小企业为主的现代服务业生态具有一定的优点，如投资规模小、经营机制比较灵活、容易适应市场变化等，但这也造成台资现代服务业在大陆的经济地位不高，贡献率不大，使得两岸现代服务业合作受到规模上的限制。

（四）大陆服务业对台投资规模较小

2009 年 6 月 30 日，台湾当局颁布的《大陆人民来台投资许可办法》和《大陆之营利事业在台设立分公司或办事处许可办法》正式生效，标志台湾方面正式开放陆资进入台湾。此后，大陆服务业陆续赴台投资。截至 2013 年 12 月，大陆服务业在台投资额累计达 5.61 亿美元。所投资的行业以批发零售业、港埠业和银行业为主，但与台湾服务业在大陆投资额相比，大陆服务业在台投资规模明显较小。这一方面与岛内市场空间狭小有关，另一方面也与台湾方面对大陆资金进入台湾仍有很多政策上的限制。

表 7.5　大陆服务业赴台投资统计表（截至 2013 年 12 月）

行业	件数（件）	比重（%）	金额（千美元）	比重（%）
批发及零售业	277	73.87	154581	27.57
港埠业	1	0.27	139108	24.81
银行业	3	0.80	138335	24.67
住宿服务业	3	0.80	64913	11.58
信息软件服务业	26	6.93	40328	7.19
餐馆业	20	5.33	10878	1.94
会议服务业	16	4.27	3237	0.58
技术检测及分析服务业	2	0.53	2,447	0.44

续表

行业	件数（件）	比重（%）	金额（千美元）	比重（%）
创业投资业	1	0.27	1994	0.36
运输及仓储业	16	4.27	1871	0.33
研究发展服务业	3	0.80	1601	0.29
专业设计服务业	6	1.60	1445	0.26
广告业	1	0.27	6	0.00
合计	375	100.00	560744	100.00

资料来源：根据台湾经济主管部门数据（2013 年 12 月）整理。

三、两岸服务业合作展望

（一）建立两岸服务业合作协商机制

目前两岸服务业尚未共同建立起正常有效的协调与仲裁渠道，也没有制定双方共同遵守的规范性条例，这就使得两岸服务业合作中出现的许多问题难以及时、有效与合理的解决，并已经成为两岸服务业合作继续深化的瓶颈。要解决这些问题，就必须建立两岸服务业合作协商机制，包括建立内地与台湾服务业行业协会层面的紧密型协商、合作机制，并以相关的法律、法规和有关政策为依据，制定和实施两岸服务业者自律和共享的行业行为规范、服务标准、执业操守、资质认证书信誉评估等行业管理规则；在 WTO 框架下制定两岸贸易规则和贸易争端解决机制，实现两岸贸易的制度化和规范化；[①]联合开发一批两岸服务行业共享信息数据库，如资质认证、资信调查、人才结构、知识产权、国内外投资环境、市场营销、服务网络等数据库，发挥信息支撑平台共享功能。

（二）结合台湾服务业优势行业，投资大陆亟待发展的行业

自二战结束以来，台湾服务业在发展过程中积累了丰富的经验，并形成了一些具有优势的行业，如物流业、旅游观光业等，而在大陆，这些行业的发展尚不成熟，亟须吸取外来资金和先进经验，因此，台湾的服务业者可以借此突破岛内市场狭小的局限，开辟大陆广阔的市场，与大陆同业进行紧密的合作，实现资金、技术、管理等多方面的有效融合，

---

① 林其屏. 闽台服务业合作和服务贸易发展的探讨［J］. 亚太经济，2007（3）：89.

形成两岸服务业者双赢的局面。

1. 物流业。大陆物流市场的庞大空间孕育着巨大的商机，而台湾有极具效率的国际口岸和非常成功的运作模式，这些都是两岸合作发展物流业的重要基础。当前，大陆正在全国范围内大力构建若干国际物流中心，并实施了一系列政策方案。同时大陆各地正着力建设一批规模大、水平高的物流产业园区，建设一批覆盖范围广的加工配送和分拨中心，引进一批国内外知名物流企业，形成多层次、开放性、高效便捷的物流体系，成为国际物流的集散区。而台湾物流企业在第三方物流、客户供应链管理和信息化建设等方面积累了丰富的经验和成熟的模式，完全可以参与到大陆现代物流业的发展中来。

两地物流业的合作还可以延伸到对大陆传统物流企业的升级改造上。大陆的物流企业大多停留在传统的运输模式上，今后可以通过与台湾物流企业合资的方式实现向现代物流企业的升级，学习台湾物流企业利用现代信息技术改造传统物流，推广条形码、EOS（电子订货系统）、EDI（电子数据交换）、DRP（配送需求计划）、ASS（自动分拣系统）等先进的物流技术，提高物流企业货物存储、分拣、加工、配送等环节的服务效率和运作质量。

2. 旅游观光业。在旅游观光业的合作上，两地可以循两种方式进行：一是两地的从业者合作，组织大陆居民赴台观光旅游。台湾的旅游资源丰富，对大陆民众具有很大的吸引力。随着大陆有关方面宣布开放大陆居民赴台旅游，赴台旅游已成为许多大陆居民出行的优先选择；二是利用大陆许多城市正在大力发展都市观光、休闲度假和商务会展旅游的时机，台湾旅游观光从业者可以进入大陆投资，建设若干特点突出、吸引力强的休闲旅游集聚区。

（三）大力发展两地发展都未成熟，但具有合作空间的新兴服务业

除了业已成熟的行业外，两岸在服务业的许多领域特别是新兴行业领域还处于起步阶段，发展不够成熟。对于这些新兴的服务业，两岸应该集中资源，相互学习，相互借鉴，共同进步。

1. 中介服务业。未来几年，大陆将不断扩大对外开放，努力提高中介服务行业的执业水平，规范中介服务行业的行为，形成符合市场经济要求、与国际通行规则衔接、门类齐全的现代中介服务体系。两岸的中

介服务业者可以在管理咨询、财务咨询、法律咨询、工程咨询、房屋评估等领域开展合作，先期集中以在大陆的台资企业作为服务对象，待规模扩大、市场成熟后，再面向大陆企业提供中介服务。

2. 文化创意产业。文化创意产业是在全球范围内新近兴起的产业，是经济发展到一定阶段、人们精神文化需求不断提高的产物。虽然大陆的文化创意产业起步较晚，但近年来发展势头良好。台湾可以尝试与大陆加强文化创意产业的交流，鼓励文化创意业者赴大陆投资，推广其创意人才的培养模式，引进更多的健康的文化元素，推动表演艺术、视觉艺术、传统工艺艺术及数字艺术创作的产业化，并扩展到生活艺术的辅导营造，促进两岸文化创意产业的共同繁荣发展。

第八章 ECFA 与两岸经济关系发展

第一节 ECFA 的基本内容

2010 年 6 月 29 日，大陆与台湾正式签署《海峡两岸经济合作框架协议》(ECFA)，9 月 12 日，ECFA 正式生效，标志着两岸经济合作进入新的历史阶段。ECFA 旨在"加强和增进双方之间的经济、贸易和投资合作"，"促进双方货物和服务贸易进一步自由化，逐步建立公平、透明、便利的投资及其保障机制"，并"扩大经济合作领域，建立合作机制"。

ECFA 主要包括贸易（货物贸易和服务贸易）、投资、经济合作、早期收获、争端解决、机构安排等方面的条款。（1）货物贸易方面，两岸将就关税减让或消除模式、原产地规则、海关程序、非关税措施、贸易救济措施等进行磋商，并尽快完成。（2）服务贸易方面，两岸将就逐步减少或消除双方之间的服务贸易限制性措施、继续扩展服务贸易的广度与深度、增进双方在服务贸易领域的合作等展开磋商，并尽快完成。（3）投资方面，两岸将就建立投资保障机制、提高投资相关规定的透明度、逐步减少双方相互投资的限制以及促进投资便利化等进行磋商并尽快达成协议；（4）经济合作方面，两岸将就知识产权保护与合作、金融合作、贸易促进及贸易便利化、海关合作、电子商务合作、重点产业合作、中小企业合作、推动双方经贸社团互设办事机构等方面加强合作；（5）早期收获方面，两岸将在"早期收获计划"实施后分期对"早期收获产品"实现零关税，其中在货物贸易领域，大陆将对 539 项原产于台湾的产品实施降税，台湾将对 267 项原产于大陆的产品实施降税，在服务贸易领域，大陆将向台湾进一步开放 11 个服务部门、19 项内容；台湾将向大陆开放 9 个服务行业。（6）争端解决方面。双方将就建立适当的争端解决程序展开磋商，并尽速达成协议，以解决任何关于 ECFA 协议解释、实施和适用的争端。（7）机构安排方面。ECFA 约定双方成立"两岸经济合作委员会"，负责 ECFA 的相关磋商、监督并评估 ECFA 的实施、解释相关规定、通报经贸信息、解决相关争端等事务，ECFA 还明确了委员会的人员组成、工作方式等。需要说明的是，ECFA 属于框架性协议，在 ECFA 生效后两岸还将就投资保障、货物贸易及服务贸易、贸易争端解决等多项内容展开后续协商，并尽速达成协议。

在经济全球化和区域经济一体化迅速发展的背景下，ECFA 的实施为两岸经济关系向紧密化和自由化方向发展提供了制度保障。进入 ECFA 时代，大陆经济的稳定发展将成为 ECFA 顺利实施的坚实基础，台湾方面则将以 ECFA 为契机，对经济发展战略进行多方位调整，以实现"壮大台湾、连结亚太、布局全球"的目标。随着两岸经济形势的发展以及 ECFA 条款的生效实施，未来两岸经济合作的格局、规模和结构等都将会出现新的特点和趋势，两岸经济关系也将进入制度化合作的新阶段。

第二节　ECFA 对两岸经济的影响

一、ECFA 对台湾经济的影响

当前台湾经济正面临多方面的困境，经济增长缺乏后劲，产业竞争力下降，失业率居高不下，经济边缘化危机凸显。ECFA 的实施使台湾搭上大陆经济高速增长的快车，为台湾的经济复苏及长远发展提供了难得的机遇。

在 2010 年马英九与蔡英文双方举办的 ECFA "双英辩论会"上，马英九表示签署 ECFA 等于打通经济的任督二脉，让台湾再成为一条活龙，并誓言壮大台湾、连结亚太、布局全球，追回失去的八年，再创台湾经济的黄金十年。为落实"黄金十年"愿景，台湾相关机构目前正在研拟台湾未来十年的发展规划——"2020 台湾愿景计划"。该计划将打破台湾以往经济规划以四年为一期程的惯例，并从经济领域扩及社会与环境层面，主要包括参与区域经济整合、加快产业结构调整、提升传统产业与中小企业竞争力、发展绿色能源产业等内容。

在 ECFA 商签不久，马英九以"台湾新契机，亚洲新时代——关键时刻，正确选择"为题举行记者招待会，正式提出"ECFA 时代经济发展战略"。在马英九当局看来，ECFA 的签署意味着台湾"跨出三大步"：一是台湾突破经济孤立的一大步，让台湾走出经济被边缘化的威胁；二是两岸经贸走向互惠合作的一大步，可以在制度化的架构下为台湾创造更多商机且增加更多就业机会；三是加速亚洲经济整合的一大步，今后台湾的价值会受到亚太地区与国际社会更大的重视，台湾很可能将成为各国企业进军大陆市场的跳板。[1]

根据马英九的阐述，ECFA 时代台湾经济发展战略的愿景是让"世界走进台湾，台湾走向世界"，借由 ECFA 的签订，配合许多"培元固本"的方案，改变台湾在亚太经济舞台的角色；核心是延续推动三个政策主轴，也就是壮大台湾经济、加强两岸合作、落实全球布局；具体落实措施包括：由行政主管部门成立"全球招商专案小组"，三个月内提出全球招商方案，除了对美、欧、日等地区招商外，还将吸引大陆台商回台投资，同时在"台湾安全会议"下成立"全球经济战略小组"，督导追踪包括创新、招商、投资等工作。

在 ECFA 生效后，如果台湾方面充分把握 ECFA 带来的机遇，有效落实相关战略措施，那么台湾有望迎来崭新的经济发展前景。根据台湾经济研究院的研究报告，在 ECFA 签署后，台湾的 GDP 大概会增加 1.65% 至 1.72%，总出口上升 4.87% 至 4.99%，总进口上升 6.95% 至 7.07%，社会福利增加 77.1 亿美元至 77.7 亿美元，并增加 25.7 万至 26.3 万个就业机会；若再考虑由于贸易和投资便利化所带来的岛内本土投资的增长和外资的流入，经济成长率可望进一步提高。[2]

（一）出口形势有望逐渐好转

作为外向型的经济体，长期以来台湾的经济增长高度依赖出口。从

① 台湾"陆委会"网站. 马英九大陆政策谈话. 2010 年 7 月 1 日.
② 中华经济研究院. 两岸经济合作架构协议之影响评估报告，2009 年.

地区结构看，台湾的主要出口市场包括欧美和中国大陆。国际金融危机
爆发后，欧美等国对外需求萎缩，再加上国际贸易保护主义的抬头，使
得台湾的欧美市场面临冲击。此外，由于中国—东盟自由贸易区的启动，
台湾对大陆的出口面临东盟国家的激烈竞争。这两方面的因素使台湾一
度面临严峻的出口形势。

　　进入 ECFA 时代，台湾的出口形势有望得到改观。ECFA 的商签将
使台湾的产品能更加便利地流通于三个市场：人气渐升的岛内市场、生
机无限的大陆市场以及前景广阔的国际市场，从而扩大台湾的消费和出
口。ECFA 的直接效应是推动台湾进一步打开大陆市场和国际市场，从
而在出口方面改善台湾的经济形势。ECFA 文本中明确规定两岸将"逐
步减少或消除双方之间实质多数货物贸易的关税和非关税壁垒"，并且
"逐步减少或消除双方之间涵盖众多部门的服务贸易限制性措施"。根据
ECFA 的早期收获计划，在货物贸易方面，大陆将对 539 项原产于台湾
的产品实施降税，2009 年台湾这些产品对大陆出口额为 138.4 亿美元，
占台湾对大陆出口总额的 16.1%（表 8.1，见下页）；在服务贸易方面，
大陆方面承诺对会计、计算机及其相关服务、研究和开发等 11 个服务行
业对台实施更加开放的政策措施。上述协议内容实施后，台湾相关产品
对大陆的出口会面临更优惠的关税安排、原产地规则以及相关的保障措
施，也使得台湾能从容应对中国—东盟自由贸易区启动所带来的竞争压
力。同时，两岸贸易趋于自由化也有利于岛内企业借道大陆出口国际市
场。ECFA 对台湾的间接效应是引致岛内消费水平的提升。出口的成长
将会带动岛内企业经济效益提高，民众就业机会增多，总体收入也会相
应上升，进而会刺激岛内消费市场的回暖。

　　需要指出的是，ECFA 对台湾出口增长的促进作用是从长期着眼的。
短期内，由于国际金融危机的冲击，以及全球消费市场的低迷，台湾的
出口增长速度仍然有限。随着全球经济的逐步复苏，ECFA 对台湾出口
的促进作用将会日益显现。

表8.1 "早期收获计划"中台湾产品对大陆出口情况

产品类别	项数	2009年台湾出口大陆金额（亿美元）	占台湾出口大陆金额的比重（%）
石化	88	59.44	6.93
机械	107	11.43	1.33
纺织	136	15.88	1.85
运输工具	50	1.48	0.18
其他	140	49.97	5.84
农产品	18	0.16	0.02
合计	539	138.37	16.14

资料来源：江丙坤. 两岸经贸. 台北：财团法人海峡交流基金会，2010（8）。

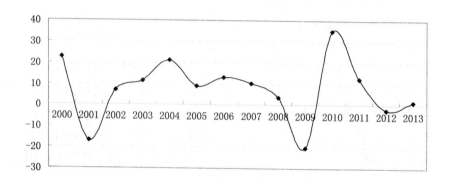

图8.1 台湾出口增长率（%）（2000～2013年）

资料来源：根据台湾经济主管部门资料整理。

（二）投资环境将大为改善

ECFA 改善了岛内的投资环境，增强了岛内外企业在台投资的意愿：首先，ECFA 将会进一步推动"陆资入台"。ECFA 规定了两岸"提供投资保护，促进双向投资"的原则，并确定了建立投资保障机制、提高投资相关规定的透明度、逐步减少双方相互投资的限制、促进投资便利化等目标，这将刺激大陆企业加快赴岛内投资的步伐。其次，ECFA 将会吸引外资流入。受两岸间的贸易与投资限制逐步减少以及两岸经济合作制度化的利好推动，很多跨国公司将会考虑以台湾作为其进入中国大陆乃至整个亚洲市场的区域性枢纽，因而可能增加在台湾的投资。据童振源（2009）所做相关调查显示，两岸如果签署自由贸易协议，将会有 30% 至 41% 的各类型企业增加对台湾投资。最后，ECFA 还将会吸引台资回流。以往台湾当局对两岸贸易与投资重重设限，致使台湾企业无法参与两岸及全球的经济布局与分工，被迫转移到大陆进行生产经营活动，而在 ECFA 签署后，随着两岸经贸往来的便利以及岛内投资环境的改善，大陆地区的部分台资企业可能会回流台湾，例如回台上市、追加在台湾的投资等等。据台湾经济主管部门统计，2010 年 1 月至 10 月，大陆及海外台商回台投资金额达 386 亿元新台币，提前完成全年 380 亿元新台币的目标金额，创下 2006 年有统计记录以来的新高。[①]

（三）相关产业面临升级机遇。

根据 ECFA 早期收获计划，大陆将对台湾 18 项农渔产品、521 项工业品实施降税安排，并对台湾服务贸易开放市场，这不仅会提升台湾相关产品的竞争力，促进台湾对大陆的出口，而且会增强台湾相关产业的规模与实力。另一方面，早期收获计划中台湾方面承诺将对 267 项工业品实施降税安排，并对大陆开放服务贸易，显然台湾方面的降税规模及开放力度不及大陆方面，但也会增加大陆相关产品和服务向台湾的出口，因此是否对台湾的相关产业产生竞争压力值得关注。在上述两方面因素的作用下，台湾的产业结构必然会进入一个新的调整期。

工业是台湾受 ECFA 影响最大的产业。大陆同意对台湾降税的 521 项工业品，以 2009 年台湾向大陆出口额计算，共计 138.4 亿美元，占台湾对大陆出口的 16.1%。受惠于降税安排，台湾的机械制造业、化学制品制造业、塑胶制品制造业、纺织业中上游、橡胶制品制造业等产品将会提升在大陆市场的竞争力，[②]因此这些产业将会迎来新的发展空间。当然，台湾的这些产业仅靠关税优惠不足以取得绝对的竞争优势，未来必须向以下方向发展：增加研发投入，提高产品科技含量；增强品牌意

[①] 台湾中时电子报. 2010 年 11 月 2 日.
[②] 林建甫，周信佑. 两岸签订 ECFA 对台湾的影响. 台湾"ECFA 后两岸关系新形势"学术研讨会论文，2010 年.

识，从 OEM 向自主品牌转变；延伸产业链，提高产品的附加值，将台湾打造成"高附加价值制造中心"[①]。此外，占台湾出口比重较大的电子类产品，因两岸原本税率就很低，所以受 ECFA 的影响不大。至于台湾同意对大陆降税的 267 项产品，在 2009 年从大陆进口 28.6 亿美元，占台湾自大陆进口额的 10.5%。由于大陆方面考虑到了台湾方面的利益，上述产品多数以原材料或者上游产品为主，不会对台湾的相关产业构成很大的竞争压力，也基本上不会冲击到台湾敏感产业和弱势产业的利益，而且，台湾方面关税的降低反而会有利于其相关产业降低原材料采购成本。不过，考虑到 ECFA 后续协议的存在，台湾的陶瓷、毛巾、制鞋、家具、成衣等传统产业未来将面临竞争压力。

服务业将是台湾另一受益较多的行业。服务业一直是台湾的优势产业，但由于岛内市场狭小，消费动力不足，台湾的服务业面临发展的瓶颈，ECFA 的商签则为台湾的服务业带来了新的发展契机。根据 ECFA 早期收获计划，大陆将在商业服务、通讯服务、健康与社会服务、运输服务以及金融保险服务等领域向台湾进一步开放市场。此外，服务贸易领域的开放还将成为台湾新兴服务业发展的一大推力。ECFA 协议要求两岸"不迟于本协议生效后六个月内就服务贸易协议展开磋商，并尽速完成"。在台湾着力推动的"六大新兴产业"中，服务业就占据其三：观光旅游、医疗照护和文化创意产业，台湾相关部门早前也分别为其制定了《观光拔尖领航方案》《健康照护升值白金方案》和《创意台湾—文化创意产业发展方案》等计划，并给予大力扶持。从内容和实施计划上看，这些方案同 ECFA 开放措施完全可以相互促进、相得益彰。可以预见，在新兴产业政策及 ECFA 的双重利好加持下，台湾的新兴服务业将会更上台阶。

涉及岛内农渔业发展的农产品开放议题是 ECFA 协商进程中较为敏感的领域。如果台湾向大陆开放农产品进口，不仅会涉及到台湾广大农民的经济利益，也会牵及台湾的政治态势，因此大陆在 ECFA 商谈中并没有要求台湾进一步开放大陆农产品进口，相反，大陆还在早期收获计划中对于台湾的 18 项农产品的进口给予了降税安排，这将直接惠及台湾

---

① 黄健群. 评析 ECFA 对台湾产业的影响 [J]，（台湾）产业杂志，2010（4）.

尤其是南部地区的广大农民。

（四）经济边缘化危机得到缓解

经济全球化和区域经济一体化是当今世界发展的两大潮流和趋势，世界各国和地区纷纷通过签署自由贸易协定及其他双边或多边合作协议的方式加强彼此间的经济联系与合作。ECFA 商签后，两岸将逐步减少或消除彼此间的贸易和投资障碍，创造公平的贸易与投资环境，建立有利于两岸经济共同繁荣与发展的合作机制。目前，大陆已成为东亚乃至全球经济整合的重要连结点之一，台湾希望借 ECFA 签署之机，进一步增进与大陆之间的贸易与投资关系，同时通过大陆这一连结点，发展与东亚乃至全球其他国家和地区间的经贸关系，参与区域经济整合进程，获得更多的"国际经济空间"，以避免边缘化危机。2013 年，台湾先后与新西兰和新加坡签署自由贸易协定。此外，台湾还在积极寻求参与东盟发起的区域全面经济伙伴关系(Regional Comprehensive Economic Partnership, RCEP)谈判以及美国主导的跨太平洋伙伴关系协议（Trans-Pacific Partnership Agreement，TPP）谈判，以更全面地融入全球经济。

二、ECFA 对大陆经济的影响

ECFA 给大陆方面带来的直接经济利益主要体现在：由于关税减让和投资便利化条款的实施，大陆的企业可以增加对台湾的出口和投资。在贸易方面，根据 ECFA 早期收获计划，台湾将对 267 项原产于大陆的产品实施降税，2009 年大陆这些产品对台湾出口额为 28.6 亿美元，占当年大陆对台出口总额的 10.5%（表 8.2，见下页）。在 ECFA 生效后，大陆对台湾的出口将有一定幅度的增长。以 ECFA 开始生效的 2010 年 9 月来看，当月大陆对台出口额为 32.4 亿美元，比 2009 年同期增长 15.7%。[①]在投资方面，近年来一些实力雄厚的大陆企业在"走出去"战略的推动下，积极在海外寻求发展空间。2009 年台湾开始松绑"陆资入台"政策，为大陆企业进入台湾市场提供了机遇。ECFA 实施后，台湾的投资环境和经济形势将会明显改善，这也会大大刺激大陆企业加快赴

---

① 台湾"经济部国际贸易局"：2010 年 9 月份两岸贸易情势分析，2010 年 10 月 29 日。当然这其中也有金融危机的不利影响逐渐减弱的因素。

台投资的步伐。出口和对外投资的增加，有利于促进大陆的经济增长，相关研究表明，ECFA 将使大陆 GDP 增长率将提高 0.36 至 0.4 个百分点左右。[1]

表8.2 "早期收获计划"中大陆产品对台湾出口情况

产业	项目	2009 大陆对台湾出口金额（亿美元）	占大陆对台湾出口金额的比重（%）
石化	42	3.29	1.21
机械	69	4.74	1.75
纺织	22	1.16	0.43
运输工具	17	4.09	0.02
其他	117	15.3	5.64
总计	267	28.58	10.53

资料来源：江丙坤. 两岸经贸. 台北：财团法人海峡交流基金会，2010（8）。

第三节 ECFA 实施后两岸经济关系发展前瞻

ECFA 的签署和实施，符合两岸人民的共同利益，在两岸经济关系发展史上具有里程碑式意义。它有利于台湾从传统的经济发展路径中"解锁"，推动两岸形成更为紧密的经济关系。

一、两岸贸易与投资格局变动

长期以来，由于两岸经贸往来尤其是大陆对台商品输出和资本输出受到台湾方面的重重限制，两岸贸易与投资格局呈现显著的一边倒的非对称格局：贸易方面以台湾向大陆出口为主，1978 年至 2009 年，台湾对大陆出口额高达 7913.2 亿美元，自大陆进口额仅为 1723.5 亿美元，两者之比为 2.5：1；投资方面以台湾对大陆投资为主，截至 2010 年 8

[1] 商务部国际贸易经济合作研究院，南开大学，对外经贸大学联合研究组. 两岸经济合作协议研究报告摘要说明，2009 年.

月，台湾对大陆历年累计投资额为 918.5 亿美元，而大陆对台湾的累计投资额仅为 1.1 亿美元，两者之比高达 835：1。[①]

在 ECFA 文本中，两岸双方阐明了协议的目标是加强和增进双方之间的经济、贸易和投资合作，促进双方货物和服务贸易进一步自由化，逐步建立公平、透明、便利的投资及其保障机制，扩大经济合作领域，建立合作机制。在这一目标指导下，无论是早期收获计划，还是后续协议，都将货物贸易减税、服务贸易开放、投资便利化作为主要内容。因此，未来两岸的贸易与投资的门槛将会有相当程度的降低，并推动两岸经济关系朝双向互动的方向发展。

在台湾对大陆贸易和投资方面，ECFA 生效后预计台湾对大陆的出口产品由于关税的降低而增强了在大陆市场的竞争力，其整体出口额有望出现较大幅度的增长。而台商在大陆的投资变化情况较为复杂，一方面大陆服务贸易开放的承诺和投资便利化措施的推动，将会促进台商增加在大陆的投资，另一方面，由于大陆对台湾出口产品实施降税，将为岛内厂商节省不少成本，以往基于避税目的而前往大陆投资的部分台商有可能会考虑回流岛内投资，但回流规模可能有限。综合评估，台商在大陆的投资额仍会呈平稳上升态势。

在大陆对台湾贸易和投资方面，ECFA 生效后其规模都会有一定的增长。根据 ECFA 早期收获计划，台湾将对 267 项原产于大陆的产品实施降税，因此大陆对台湾的出口将有一定幅度的增长。自 2011 年 1 月 ECFA 早期收获计划开始实施至当年 2 月，大陆对台出口额为 48.2 亿美元，比 2010 年同期增长 30.3%。[②]此外，"陆资入台"将成为两岸经济合作的新热点。促成"陆资入台"主要有两个方面的动因：一是台湾方面迫切需要引进陆资。台湾为摆脱金融危机的冲击，将通过扩大岛内投资、振兴新兴产业来刺激经济增长。这些计划的实施需要大量的投资，例如《振兴经济扩大公共建设投资计划》计划投资新台币 5000 亿元；六大新兴产业中，《生物科技产业计划》由政府和民间共同筹资新台币 600 亿元建立生物科技创投基金，《绿色能源产业计划》5 年内投入研发经费新台币 500 亿元，并带动民间投资新台币 2000 亿元。但长期以来，台湾

---

① 根据中国大陆海关统计资讯网数据计算。
② 台湾经济主管部门 2010 年 9 月份两岸贸易情势分析. 2010 年 10 月 29 日.

都面临公共投资不足、民间投资意愿低的难题，若能积极引进大陆资金参与台湾的经济建设，将会为岛内投资注入新的活力。此外，有意赴台投资的大陆企业均为优秀企业，它们在台湾投资设厂，或与岛内企业强强联合，将有利于增强岛内企业的竞争力，增加岛内就业。二是大陆企业需要寻找新的发展空间。为进一步提高对外开放水平，当前大陆正在实施"走出去"战略，鼓励企业到境外投资办厂，提高大陆企业的国际竞争力。经过多年的发展，大陆已培育出一批跨国公司和知名品牌，它们积累了雄厚的资本实力，正积极寻求新的投资热点和利润空间，而台湾无论是扩大投资还是振兴新兴产业，都需要外来资金的支持。在此形势下，大陆企业必然将台湾作为"走出去"的重要目的地。截至 2013 年底，大陆对台投资额已达 8.6 亿美元[①]。

虽然受限于台湾的经济规模和市场容量，以及基于照顾台湾方面利益的考虑，大陆对台湾的出口和投资增长幅度不会太大，其规模也不会达到台湾向大陆输出的水平，但重要的是这不仅为大陆企业带来经济上的利益，而且会增加大陆在台湾的经济影响力，推动两岸形成"你中有我，我中有你，谁也离不开谁"的格局，从而有利于两岸经济关系的紧密化。

二、大陆宏观经济政策对台影响力日益增强

由于历史的因素，大陆与台湾的经济在相当长的时期内按照各自的轨道独立运行，两者的经济政策基本上未对彼此产生直接影响。这种近乎绝缘的状态让大陆渐渐失去对台湾的实际影响力，对两岸的统一极为不利。从近两年来两岸应对国际金融危机的举措和成效来看，台湾对大陆方面的宏观经济政策已具有较强的敏感性。例如，在大陆扩大内需的政策推动下，岛内很多出口企业因此而恢复生产，遏止了岛内失业和无薪休假现象攀升的势头，缓和了岛内经济与社会危机；在大陆实施"家电下乡"政策过程中，很多知名台企也入围了中标名单。此外，大陆宽松的货币政策也为台资企业克服融资难题、摆脱金融危机冲击提供了有利条件。可以说，大陆的宏观经济政策是台湾摆脱金融危机冲击的重要

---

① 台湾经济主管部门数据。

外部条件。

进入 ECFA 时代,两岸经济关系进入了制度化合作的新的发展阶段,大陆宏观经济政策对台湾的影响力将进一步增强。未来若干年内, 大陆将会先后经历"十二五"和"十三五"规划。大陆在"十二五"期间将会以加快转变经济发展方式为核心,推动经济结构调整,发展现代产业体系。可以说,大陆"十二五"期间的经济政策将通过两岸的贸易与投资往来以及产业对接合作等传导机制,对台湾经济产生重大影响,具体表现在:大陆旨在扩大内需尤其是居民消费需求的一系列财政政策和货币政策,将拉动大陆经济增量部分的提高,为台湾企业增加对大陆的出口和投资、进一步开发大陆市场提供了机遇。受此影响,台湾地区的生产结构和出口结构将会发生变化,出口市场的重心将转向大陆地区,并相应增加消费类商品的生产和出口;大陆以发展现代产业体系为指向的产业政策,将促进两岸产业合作从低端的劳动密集型产业向高端的资本与技术密集型产业以及战略性新兴产业升级转型,为应对这一趋势,台湾方面必将加快产业结构的调整,推动产业向高级化方向发展;大陆关于建设资源节约型环境友好型社会的目标,为两岸应对全球气候变化、大力发展循环经济、加强生态保护和防灾减灾体系建设等提供了合作契机,进而为台湾向"低碳"社会转型创造了外部条件;等等。可见,两岸经济合作是大陆经济政策保持对台影响力的重要桥梁。ECFA 深化了两岸经济合作关系,也必将增强大陆对台湾响力。

三、两岸产业合作的结构向高级化方向发展

自 20 世纪 80 年代以来,两岸产业间一直存在较大的梯度差。大陆拥有丰富的劳动力和土地资源,在生产劳动密集型产品方面具有比较优势,台湾则拥有技术、知识、资本等优势,在生产资本和技术密集型产品方面具有比较优势。由于两岸间产业梯度差的存在,台湾逐渐将其具有比较劣势的劳动密集型产业向大陆转移。在此背景下,两岸产业对接与合作主要集中在低附加值的劳动密集型的加工制造业领域,截至 2009 年底,台商在大陆投资的制造业金额达 726.9 亿美元,占台商投资总额的 87.90%。服务业由于长期受到政策上的限制,投资规模并不大,只

占台商投资总额的 10.30%，而且合作领域主要是传统的批发零售业。^①
进入 ECFA 时代后，受大陆经济发展方式转变的影响，两岸产业对接与
合作将会向高级化方向发展。

　　在制造业领域，预计高科技产业在两岸产业合作中的比重将会大幅
增长。当前大陆正在积极转变经济发展方式，大力构建现代产业体系，
因此原有的传统出口加工型台资企业面临升级转型压力，需要加大研发
投入，进行技术改造，提高产品的科技含量，并逐渐向大陆中西部地区
进行梯度转移。在传统制造业转型的同时，台湾具有较高附加值的高科
技产业将会加快登陆的步伐，例如被列入台湾六大新兴产业规划的生物
科技、绿色能源产业，它们与大陆在"十二五"期间重点培植的战略性
新兴产业具有密切关系，如果能合作研究、共同开发，将会实现互利双赢。

　　以金融业为代表的新兴服务业将成为两岸服务业合作的新热点。在
ECFA 之前业已生效的《海峡两岸金融合作协议》以及《两岸金融监管
合作备忘录》，为深化两岸金融业交流与合作创造了积极条件。此次
ECFA 早期收获计划中，两岸对金融业的市场开放做出了进一步的具体
承诺，无疑将成为两岸金融业合作的加速器。除了金融业之外，商业服
务、通讯服务、运输服务以及被台湾列入六大新兴产业范围的健康照护
等新兴服务业也将加快合作的步伐。2013 年，台湾服务业对大陆投资额
为 39.8 亿美元，占总投资的比重达 43.29%，远远超出 ECFA 实施前的
水平。

　　两岸合作向高科技产业和新兴服务业转移，不仅表明两岸产业合作
趋于高级化，也意味着两岸的产业梯度差将会逐步缩小。台资企业投资
大陆不仅为大陆带来了资金，而且通过人员培训、合作研发等途径对大
陆产生了技术溢出和知识溢出效应，促进了大陆企业技术和管理知识的
进步，加上大陆企业自身在研发方面的成就，使得两岸企业在技术和管
理方面的差距逐渐拉近。高科技产业代表了科技发展的制高点，新兴服
务业代表了服务业发展的潮流。进入 ECFA 时代，如果两岸在方兴未艾
的高科技产业与新兴服务业领域加强对接合作，将有利于两岸企业共享
新兴技术、知识与服务发展的最新成果。技术与知识水平的拉近，无疑

---

① 台湾"经济部投资审议委员会"数据。

代表了两岸产业梯度差的缩小。

四、中国经济区日渐成型

由于历史的因素，中国形成了大陆、香港、澳门和台湾四个经济体。三十多年以来的改革开放彻底改变了大陆经济发展的轨迹，使大陆成为带动整个东亚地区经济增长的引擎，为海峡两岸暨香港、澳门加强经济合作奠定了坚实的基础，此次 ECFA 的商签更使四地迎来了共建新的中国经济区的历史性机遇。

在即将成型的中国经济区中，大陆是东亚第一大经济体，中国香港、中国台湾位居亚洲"四小龙"之列，澳门人均 GDP 居于东亚之首，这充分展现了中国经济区的巨大潜力与活力。从整体上看，中国经济区的人口达 13.6 亿，占东亚地区的 63.6%；面积达 959.8 万平方公里，占东亚地区的 59%；GDP 总额达 9.0 万亿美元，占东亚地区的一半[①]。实力决定了地位，一个强大的中国经济区将崛起于东亚经济版图中。

在中国经济区框架下，台湾可以通过三个途径加强与其他三者的经济联系与合作，一是按照既有的 WTO 模式与香港、澳门合作，港、澳、台均为 WTO 成员，在彼此未签署自由贸易协定之前，WTO 模式仍是它们的主要合作途径；二是在 ECFA 机制下与大陆加强合作，这是两岸经济合作的主要途径；三是通过 ECFA 的便利条件与港、澳合作开发大陆市场，这是两岸经济合作的新趋势。CEPA 和 ECFA 的先后签署，使港商、澳商和台商在大陆的投资受到投资保障条款的有效保护，在同文同种的先天优势下，港资、澳资和台资会加快融合的进程，合作进军大陆市场。

除了贸易与投资方面的合作外，四地在中国经济区内的合作将会涉及到经济、社会、文化领域的各个层面。例如，旅游业者可以加强合作，推出四地的精品线路，吸引世界各地游客；城市建设方面，有关城市希望能相互学习相互借鉴，或者结为姊妹城市，推动友好互动；区域中心规划方面，北京、上海、深圳、香港、澳门、台北、台中、高雄等经济发达地区纷纷谋划打造成区域性中心，如商业中心、金融中心、航运中心、物流中心、文化中心等等，为避免重复建设及恶性竞争，在 CEPA

---

① 根据世界银行 WDI 数据库、中国国家统计局网站及中国台湾"主计处"网站数据计算（2012年数据）。

和 ECFA 模式下四地有条件建立沟通协调机制，推动两岸经济功能区合理布局与统筹规划。其他诸如行业标准的统一、贫富分化问题的解决、环境污染的治理、中文使用的规范等等，都有可能成为四地合作应对的经济、社会与文化议题。

第四节　促进两岸经济关系发展的建议

两岸经济关系的发展，既要立足于两岸经济发展的现实，也要置于世界经济体系变迁和国际经济形势变化的大格局与大背景之中。两岸有关部门应建立制度化的沟通平台和协商机制，做好两岸经济关系发展的系统规划，清除影响两岸经济关系发展的障碍性因素，并引导企业、民众等积极开展经贸交流与合作，使两岸经济关系在世界经济体系的变迁中得到不断巩固和发展。

一、协同参与世界经济体系的循环

实现两岸经济关系的紧密化是世界经济体系变迁下两岸经济关系发展的历史回归，也是台湾跳脱传统经济发展路径依赖的必然要求，而 ECFA 时代的来临既是两岸经济关系走向正常化的硕果，也是两岸经济关系进一步发展的里程碑。在世界经济体系呈双循环特征的形势下，两岸应紧紧抓住 ECFA 带来的契机，相互配合、相互促进，协同参与世界经济体系的循环，使两岸从世界经济体系的变迁中获取最大化的经济利益。

一方面，两岸经济关系的深化有利于巩固大陆在世界经济体系双循环结构中的重要地位。当前，各国和地区为了在世界经济体系中占据更高地位而展开了激烈的竞争，一些发展中经济体如印度、东盟、巴西等经济发展潜力较大，并冀图在双循环体系中扮演更重要的角色，如果作为亚洲四小龙之一的台湾积极发展与大陆的经济关系，同大陆、香港、澳门组成中国经济区，并通过大陆参与世界经济体系的循环，无疑将增强大陆在全球经济中的话语权，有利于巩固大陆在世界经济体系中地位。

此外，台湾所拥有的高素质的人才、先进的管理经验、发达的国际市场渠道等等，可以通过两岸经济合作为大陆所借鉴和运用，从而进一步增强大陆的国际经济竞争力。

另一方面，在大陆的支持下，台湾可以提高自身在世界经济体系中的地位。由于大陆是新兴经济体内部循环的核心，也是双循环的连接点，因此台湾如果与大陆实现经济关系的紧密化，实际上就意味着台湾离世界经济体系双循环的中心更为接近。更进一步地，如果两岸实现了完全的经济一体化，则表明台湾将成为世界经济体系双循环中心的构成部分。此外，通过大陆与中心经济体的紧密联系，台湾可以借道大陆发展与欧美中心经济体的关系。需要指出的是，为实现上述目标，台湾须加强同大陆的协商，取得大陆的政策支持，包括台湾资金、商品、人才等进入大陆的便利性，台湾参与区域经济整合和国际经济活动的可行空间，等等。

二、推动两岸经济关系向一体化方向发展

第二次世界大战结束后，全球性和区域性的经济合作迅猛发展，以优惠性的贸易协议或安排为宗旨的区域经济一体化（Regional Economic Integration）成为区域内各经济体进行经济合作的重要目标。区域经济一体化定义为区域内两个或两个以上的国家或地区通过达成某种协议，实现互利互惠、协调发展和资源优化配置，最终形成一个相互联系、相互依赖和高度统一的有机整体。按一体化程度从低级到高级的不同，区域经济一体化可分为自由贸易区、关税同盟、共同市场、经济联盟和完全的经济一体化等阶段。

两岸经济关系在实现了正常化和紧密化之后，可以向一体化方向发展。首先，加强两岸经济关系发展的顶层设计，充分结合官方和学界的力量，从全局的高度统筹规划，深入研究并制定两岸经济一体化的一揽子方案（包括目标、路径和模式等）。其次，充分发挥"两会"（海峡两岸关系协会和台湾海峡交流基金会）的制度化协商功能以及两岸经济合作委员会的磋商监督职能，确保两岸经济一体化方案得到推动和落实，并以此为基础，寻求构建两岸向经济联盟阶段和完全的经济一体化阶段过渡所必需的功能性机构。最后，要积极推动 ECFA 后续协商，以贸易

自由化和投资便利化为宗旨，逐步消除两岸经济合作的壁垒，推动各种生产要素在两岸间的自由流动和优化配置。

三、构建两岸宏观经济政策协调机制

由于两岸经济关系的日益密切，两岸的宏观经济政策不仅作用于各自的经济运行，而且对另一方的经济发展也会产生深远的影响。为促进两岸经济的稳定运行和两岸经济关系的深入发展，两岸迫切需要加强宏观经济政策上的沟通与交流，并构建常态化的协调机制。2013 年 4 月，习近平总书记指出：两岸要"加强形势、政策、发展规划沟通，增强经济合作的前瞻性和协调性"①。构建两岸宏观经济政策协调机制，就是在尊重市场机制和价值规律作用的前提下，为实现双方经济利益最大化和宏观经济的稳定运行，大陆与台湾共同对关系到两岸经济发展和两岸经济合作的宏观经济政策进行沟通、调控的组织形式和运行机理的系统的总和。

两岸宏观经济政策协调机制可以以两岸经济合作委员会为平台基础，并根据世界经济体系的演变趋势和国际经济形势的发展，以两岸共同经济利益为基础，从以下方面开展协调活动：（1）相互通报各自的远景规划、财政政策、货币政策和产业政策等，确保双方保持政策信息的畅通；（2）就两岸经济合作的相关政策进行协商和规划；（3）组织评估相关政策对两岸经济的影响；（4）对两岸有关部门提出政策建议。宏观经济政策协调机制的建立，有助于两岸经济关系由民间自发交流为主的架构向官方（或官方授权机构）制度化引导、民间常态化交流相结合的架构转变。

四、共同开发"两个市场"

长期以来，大陆台资企业多为出口加工企业，产品以面向欧美等国际市场为主，但此次国际金融危机的爆发使台资企业的出口遭受重创。在 ECFA 时代，随着全球及大陆经济形势的变化，大陆由"世界工厂"变成"世界市场"，台资企业的销售模式相应将会发生改变，由以往的单

---

① 习近平.两岸同胞要共同为实现中华民族伟大复兴的中国梦而努力奋斗[EB/OL].新华网.2013 年 4 月 8 日.

独开发国际市场为主转向与大陆企业合作开发大陆与国际"两个市场"。

大陆内需市场是台资企业今后开发的重点。台资企业进入大陆内需市场必须解决两个问题，一是要重新设计适合大陆消费者需求的产品。大陆和欧美的消费者在消费习惯、风格及偏好上存在很大差异，原先主要出口到欧美市场的台资企业如转攻大陆市场，必须及时设计出适合大陆消费者的产品。另一个就是要快速建立起在大陆的营销渠道。台资出口企业长期致力于构建国际市场上的营销渠道，忽视了在大陆的渠道建设。在此形势下，台资企业可以与具备天时地利人和的大陆本土企业合作，采用分包或者联合的方式解决内销产品的设计与营销问题。

开发大陆内需市场并不意味着放弃国际市场。近年来，大陆积极实施"走出去"战略，鼓励有实力的企业赴海外投资，取得了显著成效，而很多台资企业（或者其在台湾的母公司）原本就走国际化路线，与欧美等发达国家保持了密切的经贸往来关系，具有丰富的国际化视野和国际投资经验，因此两者完全具备合作的条件。进入 ECFA 时代，台资企业与大陆本土企业将会寻求机会联合起来（包括与港商、澳商及海外华商合作），共同开发国际市场，参与国际竞争，例如在海外设立合资公司、投资国外项目、收购外国企业、承接海外工程等等，实现"两岸合作赚全世界的钱"的目标。

五、促进两岸经济关系向非传统经济领域扩展

自 20 世纪 80 年代以来，两岸的经济合作主要是在贸易与投资等传统领域进行。进入 ECFA 时代，随着国际经济形势的变化以及两岸经济发展的需要，非传统领域的合作将成为两岸经济合作的新动向。这些非传统领域的合作议题主要包括：（1）经济安全问题。在经济全球化时代背景下，两岸经济都已超越地域的限制，与其他国家和地区的经济紧密连结起来，使得两岸在享受经济全球化带来的利益的同时，也面临着一些潜在的风险和威胁，例如产业安全、能源安全等经济安全问题，特别是此次国际金融危机的爆发更使金融安全问题摆在了两岸的面前。由于两岸经济关系日趋紧密，大陆与台湾当中任何一方的经济安全状况都与对方存在利害关系，也会对两岸经济合作的进程产生影响，因此两岸迫切需要加强合作，联手应对经济安全问题。（2）低碳经济问题。为加快

经济发展方式的转变，实现人与自然的和谐发展以及整个经济社会的可持续发展，大陆正大力倡导绿色、低碳的发展理念，并提出建设资源节约型环境友好型社会的目标。与此同时，台湾在保护生态、创新减碳生活模式等方面取得了一定的经验，并正在实施"低碳家园"计划。未来两岸可以合作进行相关领域的学术研究和项目开发，探讨节能减排的可行路径和方案，共同打造两岸的低碳经济生活。（3）自然灾害防控与灾后重建问题。由于地质和气候方面的原因，大陆与台湾都是地震、台风等自然灾害发生较为频繁的地区。无论是台湾"九二一大地震""八八水灾"，还是大陆汶川地震、舟曲泥石流灾害等事件，都给两岸人民带来了严重的损失和很大的创伤，同时也促使两岸加强联系与沟通，在地震、台风等自然灾害的预报、处置，构建防灾减灾体系，以及灾后重建等方面交流经验、相互支持，以共同造福两岸人民。

总之，两岸经济关系的发展有利于台湾摆脱经济发展的困境和对传统发展路径的依赖，也有利于大陆国际经济地位的提升。在大陆经济崛起和世界经济体系变迁的形势下，推动两岸经济关系的发展是一项复杂的系统工程，需要两岸各界的艰辛努力。实践证明，ECFA 实施以来两岸深化经济关系发展的一系列措施，为两岸人民带来了切实的经济利益。展望未来，在制度化的交流与合作框架下，经过两岸各界的共同努力，两岸经济关系将迈入一个新的阶段。

附录　大陆需求增长对台湾出口增长的影响

——基于时变参数模型的分析

台湾对外出口的主要目的地是大陆，而其对大陆出口的增长与大陆内需和外需增长的带动具有内在联系。大陆需求增长主要通过以下途径对台湾的出口产生影响：大陆消费需求增长时，将增加大陆对台湾中间产品、最终消费品和劳务的购买；投资需求增长时，会增加大陆对台湾原材料、机器设备等的进口；出口需求增长时，大陆可能因自身资源禀赋的差异以及两岸分工的不同，增加对台湾原材料和上游产品的购买。由于大陆是台湾最大的出口目的地，所以台湾对大陆出口的增加将会明显地影响台湾的总出口水平。其作用机制如下图所示：

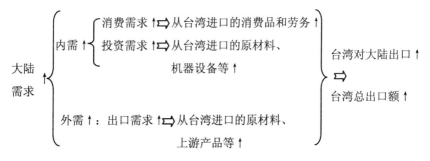

附图1　大陆需求增长影响台湾出口的作用机制

可见，大陆需求的增长会通过一系列的传导机制影响到台湾的对外出口，并最终关系到台湾的经济增长。现在考察在 ECFA 签署之前，大陆消费需求、投资需求及出口需求增长对台湾出口的影响程度，进而探讨台湾应如何抓住大陆需求快速增长的有利形势，努力扩大出口，以带动台湾经济的增长。

一、模型引入与变量选择

（一）模型引入

在研究大陆需求增长对台湾出口的影响时，如果采用经典 OLS 回归模型则较为简便，但是该模型属于固定参数模型，也就是说，通过该模型得出的参数所反映的影响是固定不变的。实际上，自改革开放以后大陆的需求结构和经济增长方式经历了较大的变化，而且两岸间的贸易往来在保持较快增长的同时，也受到经济和政治等方面因素的作用，这就使得大陆需求增长与台湾出口之间的关系呈现动态的变化过程。固定参数模型无法反映这一动态过程，因此本书将引入时变参数模型（Time-varying Parameter Model）。时变参数模型通过状态空间形式，将不可观测的状态变量并入可观测模型，并通过卡尔曼滤波（Kalman Filtering）得到估计结果，该模型的优势是可以反映变量之间的动态关系。

（二）变量选择

本书用消费需求增长率（CGR）、投资需求增长率（IGR）和出口需求增长率（EGR）三个变量[1]分别表示大陆消费需求、投资需求和出口需求的增长，用台湾出口增长率（TWEGR）[2]表示台湾出口总额的变化。其中，CGR、IGR 和 EGR 根据历年《中国统计年鉴》的相应数据计算而得，TWEGR 根据台湾相关部门公布的数据计算而得。为消除价格因素影响，在计算增长率时，对消费、投资和出口的名义值均以 2000 年为基期进行平减处理。由于数据的可获得性，样本空间选择为 1981 年至 2009 年（附表 1，见下页）。

---

① 根据历年《中国统计年鉴》及国家统计局公布的数据计算。
② 根据台湾《经济统计年报》及经济主管部门公布的数据计算。

附表1　CGR、IGR、EGR 和 TWEGR 数值表

年份	CGR	IGR	EGR	TWEGR	年份	CGR	IGR	EGR	TWEGR
1981	0.0874	-0.0034	0.3257	0.5348	1996	0.1175	0.0619	-0.0510	0.1166
1982	0.1017	0.0968	0.1295	-0.4747	1997	0.0731	0.0256	0.1875	0.0404
1983	0.0938	0.1310	0.0470	-0.1293	1998	0.0744	0.0543	0.0132	0.1178
1984	0.1125	0.1752	0.2618	1.6504	1999	0.0853	0.0659	0.0752	0.2384
1985	0.1155	0.2470	0.2640	1.3201	2000	0.2125	0.0363	0.2515	0.2742
1986	0.0823	0.0889	0.2777	-0.1884	2001	0.0653	0.1184	0.0459	0.1567
1987	0.0829	0.0763	0.2916	0.3770	2002	0.0656	0.1389	0.2162	0.4467
1988	0.1206	0.1396	0.0721	0.6811	2003	-0.0033	0.1972	0.3126	0.3099
1989	0.0390	0.0235	0.0200	0.2417	2004	0.1104	0.1559	0.2655	0.2543
1990	0.0176	0.0070	0.4428	0.1240	2005	0.0831	0.1236	0.2295	0.1374
1991	0.0823	0.0912	0.1994	0.4129	2006	0.0895	0.1299	0.1955	0.1514
1992	0.1215	0.1848	0.1293	0.3352	2007	0.0860	0.0939	0.1213	0.1304
1993	0.0986	0.3532	-0.0186	1.0484	2008	0.0800	0.1236	0.0021	0.0018
1994	0.1007	0.0728	0.6348	0.0860	2009	0.0947	0.1837	-0.1600	-0.0685
1995	0.1039	0.1012	0.0507	-0.0170					

数据来源：根据《中国统计年鉴》、台湾相关部门公布数据自行整理计算。

根据附表1，可以做出相应的折线图，如附图2所示。

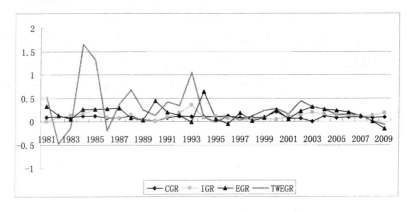

附图2　CGR、IGR、EGR 和 TWEGR 折线图

时变参数模型要求变量具有平稳性，或者虽无平稳性但存在协整关系。因此先对变量进行单位根检验，检验结果如下：

附表2 单位根检验结果

检验变量	检验类型 （C，T，L）	ADF 检验值	临界值 （5%显著水平）	伴随概率	结论
TWEGR	（C，0，0）	-4.317785	-2.978153	0.0022	平稳
CGR	（C，0，0）	-4.998555	-2.971853	0.0004	平稳
IGR	（0，0，0）	-6.363737	-1.953858	0.0000	平稳
EGR	（C，0，0）	-5.139313	-2.971853	0.0003	平稳

注：检验类型中的 C 表示有常数项，T 表示有趋势项，L 表示滞后阶数。

从上表可以得知：TWEGR、CGR、IGR 和 EGR 均为平稳变量，不含单位根过程，可以直接建立时变参数模型。根据时变参数模型的定义，可将模型写成如下形式，并记为模型（1）：

量测方程：$TWEGR_t = C + x_t \cdot CGR_t + y_t \cdot IGR_t + z_t \cdot EGR_t + u_t$

状态方程：$x_t = x_{t-1}$

$$y_t = y_{t-1}$$

$$z_t = z_{t-1}$$

其中，$u_t \sim N(0, \sigma^2)$ (1)

量测方程中的 C 表示常数项，u_t 为随机扰动项。时变系数 x_t、y_t 和 z_t 为不可观测的状态向量，它们随时间 t 变化而变化，刻画了 TWEGR 和 CGR、IGR、EGR 之间的动态关系。

二、实证分析

（一）模型初步估计

运用 Eviews6.0 对模型（1）进行估计，常数项 C 的估计结果如下：

附表3　模型（1）常数项估计值

常数项	估计值	标准差	Z 统计值	伴随概率
C	−0.0336	0.0766	−0.4390	0.6607

从附表3得知，C 对应的伴随概率大于 0.05，说明常数项无显著性。状态向量 x_t、y_t 和 z_t 的估计结果如下：

附表4　模型（1）x、y 和 z 的估计结果

状态向量	最终状态	均方根误差	Z 统计值	伴随概率
x	0.8905	0.3696	2.4093	0.0160
y	−0.0929	0.2348	−0.3958	0.6923
z	0.3309	0.1100	3.0094	0.0026

从附表4可知，状态向量 y_t 的估计值的伴随概率大于 0.05，说明 IGR 对 TWEGR 无显著性影响。

（二）模型修正与重新估计

由于 C 和 IGR 均无显著性，因此要重新构建不包含 C 和 IGR 的时变参数模型，记为模型（2），其形式如下：

量测方程：$TWEGR_t = x_t \cdot CGR_t + z_t \cdot EGR_t + u_t$

状态方程：$x_t = x_{t-1}$

$$z_t = z_{t-1}$$

其中，$u_t \sim N(0, \ \sigma^2)$　　　　　　　　　　（2）

运用 Eviews6.0 对模型（2）进行估计，结果如下：

附表5　模型（2）x 和 z 的估计结果

状态向量	最终状态	均方根误差	Z 统计值	伴随概率
x	0.5133	0.2614	1.9635	0.0496
z	0.2991	0.1094	2.7338	0.0063

根据上述输出结果，运用 Eviews6.0 可以产生状态序列 x_t 和 z_t，如

附表6所示。

附表6　x_t和z_t的输出值

年份	x	z	年份	x	z
1981	0	0	1996	1.066387	0.117896
1982	0.108624	0.404614	1997	0.941393	0.151910
1983	−1.095840	0.727967	1998	0.928432	0.148236
1984	0.454215	0.231967	1999	0.799869	0.178074
1985	0.559628	0.327920	2000	0.811921	0.176192
1986	0.428582	0.236831	2001	0.825495	0.174703
1987	0.016636	0.551534	2002	0.724427	0.194655
1988	−0.338560	0.805410	2003	0.723839	0.191642
1989	0.186378	0.627268	2004	0.686394	0.214435
1990	0.294931	0.589728	2005	0.709693	0.222805
1991	1.001141	0.220404	2006	0.706265	0.220295
1992	1.007656	0.221321	2007	0.712325	0.221550
1993	0.860596	0.250031	2008	0.717369	0.221158
1994	0.797379	0.269486	2009	0.705111	0.224607
1995	0.936105	0.145624			

根据上述输出结果，可以得到附图3并从中观察x和z的走势，它们分别描述了1981年至2009年间大陆消费需求增长（CGR）和出口需求增长（EGR）对台湾出口增长（TWEGR）的影响程度。

（三）模型分析

1. 大陆投资需求增长对台湾出口的影响

根据模型（1）的输出结果得知y不显著，也就是说大陆投资需求增长对台湾出口增长并无显著性的影响，这与投资的构成以及台湾的资源禀赋状况有关。根据国民经济核算指标的相关定义，投资是指固定资产投资和存货变动，其中固定资产投资分为建筑工程、安装工程、设备和工具器具购置等，存货包括生产单位购进的原材料、燃料和储备物资，

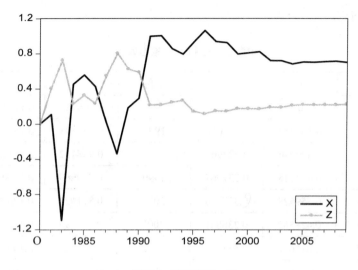

附图3　状态序列 x 和 z

以及生产单位生产的产成品、在制品等等[1]。而台湾是自然资源相对匮乏的地区，水泥、石油、天然气以及建筑安装工程所需的其他原材料和燃料并非台湾具有比较优势的产品。

　　不过，y 的计算结果也显示台湾一些具有比较优势的设备和工具器具类产品，如电子电机产品、机械、精密仪器、运输工具等，并没有因为大陆投资需求的上升而出现出口的明显增长。

　　2. 大陆消费需求增长对台湾出口的影响

　　根据附图3中 x 的变化轨迹，可以将大陆消费需求增长对台湾出口的影响分为四个阶段：

　　第一阶段：1988年之前。此阶段的影响系数有较大幅度的波动，主要原因在于两岸之间的交流刚刚起步，政策不确定性强，贸易往来处于不稳定阶段。

　　第二阶段：1988年至1996年。此时大陆消费需求增长对台湾出口的影响呈上升趋势，特别是在1996年影响系数 x 达到1.0664的峰值水平，也就是说当时大陆消费需求增长一个百分点，会带动台湾出口增加1.0664个百分点。造成这一阶段影响力上升的原因有两点：一是随着改

---

　　[1] 国家统计局. 统计指标解释：国民经济核算. http://www.stats.gov.cn/tjzd/tjzbjs/t20020327_14293.htm.

革开放的推进，大陆居民的收入有了明显的提高，并带动了消费水平的迅速提升；二是两岸交流政策逐步放宽，大陆先后出台多项法律法规鼓励两岸贸易往来，有利于台湾的产品出口至大陆，满足大陆居民的消费需求。

第三阶段：1996 年至 2002 年。此阶段大陆消费需求增长对台湾出口的影响有减弱趋势，一个重要原因是台湾当局于 1996 年提出"戒急用忍"政策，直接限制了两岸投资和贸易往来。

第四阶段：2002 年后。这一阶段两岸由于已经加入 WTO，经贸往来日益密切，大陆消费需求增长对台湾出口的影响遏制了快速下滑的势头，在 2002 年至 2009 年间影响系数稳定在 0.7687 左右的平均水平。

3. 大陆出口需求增长对台湾出口的影响

根据附图 3 中 z 的变化轨迹，可以将大陆出口需求增长对台湾出口的影响分为三个阶段：

第一阶段：1988 年之前。与 x 一样，图中 z 的变化轨迹在 1988 年之前有明显的波动，不过两者的波峰和波谷正好相反，说明 1988 年之前大陆的消费需求增长和出口需求增长交相拉动了台湾出口的增长。在 1988 年，z 达到 0.8054 的峰值水平，说明当时大陆出口需求增长一个百分点，会带动台湾出口增长 0.8054 个百分点。

第二阶段：1988 年至 1996 年。此时大陆出口需求增长对台湾出口的影响迅速减弱，说明虽然大陆出口增长较快，但并没有因此而大幅增加对台湾原材料和上游产品的进口。值得注意的是 1990 年以后 x 全部高于 z，说明大陆消费需求增长对台湾出口的影响力超过大陆出口需求增长的影响力。

第三阶段：1996 年至 2009 年。在 1996 年，大陆出口需求增长对台湾出口影响下滑的局面得到扭转，开始呈现缓慢上升的迹象，影响系数 z 由 1996 年的 0.1179 增至 2009 年的 0.2246，期间的平均水平为 0.1899。可能的解释是：随着岛内部分产业向大陆转移，大陆台资企业迅速增加且多从事出口加工贸易，它们在获得出口订单后会延续以往的产业链，增加对岛内原材料和上游产品的采购，从而提升了大陆出口增长对台湾出口的影响程度。

三、结论

分析表明，在 ECFA 签署前（1981 年至 2009 年），大陆投资需求的增长并没有显著拉动台湾出口的增长，但大陆消费需求和出口需求增长的拉动作用明显。大陆消费需求的增长对台湾出口的带动作用虽然直到 2002 年才开始保持在较平稳的水平，但其效果在三大需求中仍是最高的；大陆出口需求的增长对台湾出口的带动作用低于大陆消费需求增长的作用，不过在近年有缓慢的上升趋势。

南开大学出版社网址：http://www.nkup.com.cn

投稿电话及邮箱：　022-23504636　　QQ：1760493289
　　　　　　　　　　　　　　　　　　QQ：2046170045(对外合作)
邮购部：　　　　　022-23507092
发行部：　　　　　022-23508339　　Fax：022-23508542

南开教育云：http://www.nkcloud.org

App：南开书店 app

　　南开教育云由南开大学出版社、国家数字出版基地、天津市多媒体教育技术研究会共同开发，主要包括数字出版、数字书店、数字图书馆、数字课堂及数字虚拟校园等内容平台。数字书店提供图书、电子音像产品的在线销售；虚拟校园提供 360 校园实景；数字课堂提供网络多媒体课程及课件、远程双向互动教室和网络会议系统。在线购书可免费使用学习平台，视频教室等扩展功能。